U0740287

化学教学的艺术

教学质量提高实用指南

况浩霞 编著

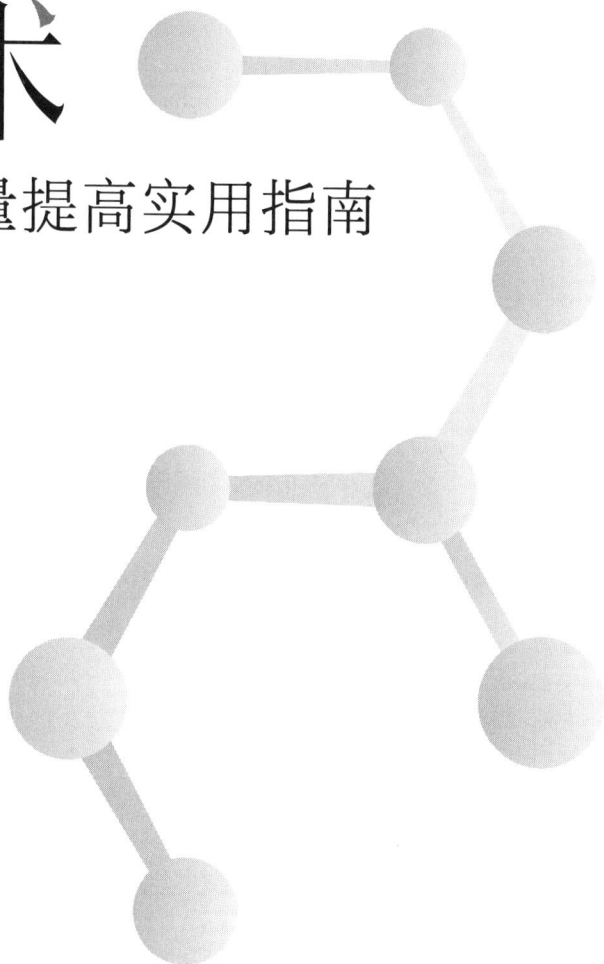

化学工业出版社

·北京·

内容简介

《化学教学的艺术：教学质量提高实用指南》是作者长期在一线教学工作经验的全面总结，全书共八章，在简要介绍化学教学的艺术之基础上，主要阐述了自身教学经验和教育方法。分为课堂管理、学生主动学习、教学方案和策略、个性化教学、学生评价和反馈、良好的沟通关系、教学工具和资源的利用等内容，附录中以写实的手法记录了完整一届高中学生成长经验总结报告，从中可以体会教学方法和教育方法在学生成长历程中的作用。

本书不仅可以供化学教育工作者参考，因其教育问题的共性和教学方法的可比性，更可供更大范围的一线中小学教育工作者、教学管理人员、教学规律研究人员参考使用，还可供中小学学生家长参考。

图书在版编目（CIP）数据

化学教学的艺术：教学质量提高实用指南/况浩霞编著. —北京：化学工业出版社，2023.10
ISBN 978-7-122-43945-1

Ⅰ.①化… Ⅱ.①况… Ⅲ.①中学化学课-教学研究
Ⅳ.①G633.82

中国国家版本馆CIP数据核字（2023）第145907号

责任编辑：袁海燕
责任校对：王　静
文字编辑：苏红梅　师明远
装帧设计：王晓宇

出版发行：化学工业出版社
　　　　　（北京市东城区青年湖南街13号　邮政编码100011）
印　　装：大厂聚鑫印刷有限责任公司
710mm×1000mm　1/16　印张16　字数179千字
2023年9月北京第1版第1次印刷

购书咨询：010-64518888　　售后服务：010-64518899
网　　址：http://www.cip.com.cn
凡购买本书，如有缺损质量问题，本社销售中心负责调换。

定　　价：79.80元　　　　　　　　版权所有　违者必究

化学是一门极具挑战性和复杂性的学科，也是一门需要耐心和热情的学科。作为一名高中化学教师，需要不断探索和创新，以便为学生们提供更优质、更实用的教育服务。教师是一份伟大而崇高的职业，也是一份充满挑战和压力的职业。作为一名教育一线的高中化学教师，深刻体会到了教学工作的复杂性，也深知在教学过程中面临的挑战和难题。化学学科涉及丰富的知识点和实验技能，在教学实践中如何让学生在课堂上积极参与、培养他们的兴趣和能力，是教师面临的重要任务。因此广大一线教师需要通过努力学习和实践创新来提高教学质量和效果。

笔者撰写这本书的目的是向高中化学教师们提供更实用、更有效的教学策略和技巧，提高教学质量和效率，让化学教师们能够在教学中低耗高效地实现教学目标。本书的主题是"化学教学的艺术"，书中将向读者展示如何管理课堂和教师基本功对课堂效果的影响，从而实现优质化学教育的目标。读者将会了解到如何管理课堂；如何引导学生主动学习、提高学生的学习动机和兴趣、提高学生参与度和学习效果；如何设计有效的教学方案和课堂活动；如何评估学生的学习成果，并从中获得有益的反馈；如何利用各种工具和资源来辅助教学；如何与学生、家长和同事建立良好的沟通关系。

在本书中，笔者将会分享自身的教学实践和经验，同时也会引用其他教育专家的研究成果和观点，让读者能够从不同的角度来思考和探讨教育的问题。笔者相信，通过共同努力和探索，我们一线教师可以为学生们带来更多的收获和成长。除此之外，本书也会关注教师基本功对课堂效果的影响，从而引导教师们更加关注自身的教学能力和素养的提升。

教学是一门艺术，需要不断的实践和探索。笔者期待本书对您的教学工作有所帮助，让您的教育事业更加成功和充实。感谢您的阅读，也感谢您对教育事业的坚定信念和不懈追求。

况浩霞

2023 年 5 月

目录

第 **1** 章

化学教学的艺术

1.1　艺术的含义

　　"艺术"一词来源于拉丁文的"ars"，意为技艺、技巧。人们通常用"艺术"来形容一种高超的技巧或技能，强调其创造性、审美性和表现力。艺术不仅仅是一种技巧，更是一种文化和思想，它通过表现形式传递人们对世界的理解和思考，能够激发人们的情感和思维，引起人们的共鸣和思考。

　　艺术是一个充满了深度和广度、复杂而又充满着魅力的概念。它与人类的创造力、想象力、审美力、情感体验和文化传承等紧密相连，被认为是人类文明和智慧的精华。在教育领域中，艺术通常被定义为一种创造性的表达方式，涉及对美学和感性体验的探究和表达。然而，在教育实践中，艺术不仅仅是一种表达方式和文化传承，更是一种教学风格和方法，一种能够激发学生兴趣和主动性、鼓励学生探索和创新、促进学生思考和发展的教学方式。教育者可以通过艺术的表达和展示，激发学生的想象力和创造力，培养学生的审美情趣和表现能力，促进学生全面发展。

1.2　化学教学艺术概论

　　化学教学的艺术，就是教师在教学过程中运用多种方法和手段，通过巧妙的设计和实施教学策略、方法和技巧，激发学生的兴趣，培养学生的能力，促进学生全面发展的过程，以达到提高学生学习效果、培养学生创新思维和实践能力、促进学生全面发展的目标。它强调的不仅仅是传授化学知识和技能，更强调教育的价值和意义，注重激发学生的学习兴趣和热情，通过多种方式引导学生主动探究和思考问题，以及将理论知识与实践应用相结合，以帮助学生更好地理解和掌握知识。

化学教学的艺术，需要教师具备丰富的化学知识和教育教学理论知识，具备良好的教学能力和心理素质、较好的专业素养和教学经验以及优良的个人风格和特点。教师需要根据学生的认知特点和学习需求，制订针对性强的教学计划和教学策略。在课堂上，教师需要采用多种教学方法，如讲授、讨论、实验、案例研究、项目设计等，以满足不同学生的学习需求和能力水平。同时，教师还需要在教学中注重学生的参与和互动，通过开展小组讨论、问题解决、角色扮演等活动，激发学生的学习兴趣和主动性。教师应当注重不断提高教学能力和掌握先进的教学方法，以实现更好的教育效果。同时，教师还应该发掘自己的教育潜力，创新教学方式和方法，以提高自己的教学水平和专业素养，进一步推动化学教育的发展。

1.3 化学教学的现状和问题

化学教学在现代教育中具有非常重要的地位，它不仅关乎学生的知识水平和学习成绩，还关系到国家未来的科技发展和经济建设。随着教育环境的不断变化，化学教学也面临着新的挑战。化学学科，其学习内容比较枯燥，往往难以引起学生的兴趣。因此，教师需要在教学中培养学生的学习兴趣和创新意识，通过生动有趣的教学方式和教学内容来激发学生的学习热情和兴趣，让学生在愉悦的情境中学习，从而提高学习效果。传统的化学教学方法已经不能完全满足现代学生的需求，教育者需要采用更多样化和富有创意的教学方法来提高学生的学习兴趣和参与度。

化学实验教学一直是化学教学的重要组成部分，但是由于实验设备昂贵、化学品安全问题和实验操作的复杂性等因素，实验教学难以普及和推广。而实验教学的缺失会直接影响学生的理论学习和科学素养的提升，针对这些问题，化学教师需要不断地思考和尝试新的教学方法和策略，以更好地满足学生的学习需求。例如，教师可以利用互联网和多媒体技术，将化学知识和实验演示图像化、动画化，以吸引学生的注意力并提升其兴趣；可以利用案例教学、探究性学习等方式，将抽象的化学知识联系到生活实际，增强学生的学习动机和理解能力；可以建立良好的实验室环境和配备先进的实验设备，提供更多的实验机会和实践体验，培养学生的动手能力和实验技能等。因此需要教育者探索新的实验教学方法和形式，如虚拟实验、仿真实验等。此外，化学知识的更新速度也很快，教育者需要跟随科技进步的步伐及时更新教材和教学内容，同时也需要在教学中注重对学生科学思维和创新能力的培养，而不是只注重基础知识的传授。

化学教学的现状和问题虽然存在，但也是化学教育发展的机遇和挑战。只有化学教师不断更新教育理念、不断探索创新的教学方法和策略，才能真正实现化学教育的艺术价值，培养出更多具有创新能力和实践能力的化学人才。

1.4　现代教育理论在化学教学中的应用

随着教育学的不断发展，各种现代教育理论被应用到化学教学中。其中，最为重要的理论之一是建构主义理论，该理论认为知识是由学生根据自己的经验和认知构建的，而不是被动转移的。根据这一理论，教师的角色应该从知识传授者变为引导者，帮助学生主动构建知识，培养他们的创造性思维和解决问题的能力。另一个重要的理论是社会认知理论，它认为学习是社会互动的结果。这一理论强调学生在社会互动中的重要性，鼓励教师设计多种互动形式的教学活动，如小组合作、讨论、辩论等，以促进学生之间的交流和合作，提升他们的学习效果。还有一个重要的理论是多元智能理论，该理论认为人类具有多种智能，如语言智能、逻辑数学智能、空间智能、身体运动智能、音乐智能、人际智能、自我认知智能等。根据这一理论，教师应该根据学生的不同智能类型和学习风格来设计多样化的教学活动，以满足不同学生的学习需求。

现代教育理论在化学教学中的应用十分广泛。在传统的教学模式中，教师是知识的传授者，学生是被动接受者。但是现代教育理论强调学生的主体地位，注重学生的学习兴趣和体验。在化学教学中，可以通过以下方式来应用现代教育理论：

（1）个性化教学

现代教育理论认为每个学生都有其独特的学习方式和需求，因此化学教学中可以采用个性化教学策略，例如分层教学、项目学习、课堂小组合作等，来满足不同学生的学习需求。

（2）学习者中心教学

现代教育理论强调学生是学习的主体，因此化学教学中可以采用学习者中心的教学模式，例如探究式教学、案例教学、自主学习等，让学生自主探究、发现、思考、创造，从而激发学生的学习兴趣和热情。

（3）反思性教学

现代教育理论认为学习需要不断反思和总结，因此化学教学中可以采用反思性教学策略，例如课后回顾、学习笔记、建立档案等，帮助学生总结学习经验和方法，提高学习效果。

（4）情境教学

现代教育理论认为学习需要与实际生活和社会联系起来，因此化学教学中可以采用情境教学策略，例如问题解决、案例分析、角色扮演等，将化学知识与实际生活和社会环境联系起来，增强学生的学习体验和应用能力。

（5）多元评价

现代教育理论认为评价应该是多元化和全面化的，因此化学教学中可以采用多元化评价策略，例如自我评价、互评、教师评价等，综合考虑学生的学习成绩、学习过程、学习态度等方面，全面评价学生的学习情况。

现代教育理论为化学教学提供了有益的指导和理论支持，化学教师应该积极运用现代教育理论的相关观点和方法，不断优化教学内容和方式，为学生的全面发展和未来的成就奠定坚实的基础。

1.5　教育心理学和认知心理学在化学教学中的应用

　　教育心理学和认知心理学为化学教学提供了丰富的理论支持。教育心理学主要关注学习者的个体差异、学习过程的发展和变化、学习的动机和兴趣等方面，帮助教师更好地理解学生的学习需求和特点，从而设计更加有效的教学方案。认知心理学主要研究人类的认知过程，如知觉、注意力、记忆、思维、问题解决等。根据认知心理学的研究结果，教师可以更好地了解学生的认知特点和限制，设计更加符合学生认知规律的教学内容和方法。此外，教育心理学和认知心理学还提供了许多有效的教学策略和方法，如启发式教学、问题解决教学、概念映射、概念变迁、自主学习、合作学习等。这些策略和方法都可以帮助学生更好地理解和掌握化学知识，提高学习效果和兴趣。其中，启发式教学是一种重要的教学策略，它鼓励学生通过自己的思考和发现来学习知识。通过让学生尝试不同的方法来解决问题，教师可以激发学生的学习热情和创造力，帮助他们更加深入地理解化学概念和规律。问题解决教学是另一种常见的教学方法，它可以让学生通过实践和解决问题来掌握化学知识。通过将抽象的化学理论与实际问题相结合，教师可以增强学生的学习动机和兴趣，提高学生的实际应用能力和解决问题的能力。概念映射和概念变迁是两种有助于学生理解和掌握化学概念的教学策略。概念映射通过将化学知识与不同领域的知识相连接，让学生更加清晰地理解化学概念和规律。概念变迁则可以帮助学生更好地理解和应用化学知识，通过将不同的化学概念相互联系和融合，让学生掌握更加深入的化学知识。

　　自主学习和合作学习是两种重要的学习方式，它们可以激发学生的主动性和合作精神，帮助学生更好地理解和掌握化学知识。通过让学生在自主学习和合作学习中发挥主观能动性，教师可以增强学生的自信心和创造力，提高学生的学习效果和兴趣。

　　教育心理学和认知心理学为化学教学提供了丰富的理论支持和实践指导。教师可以结合这些理论和方法，设计更加符合学生特点和认知规律的教学方案，激发学生的学习热情和创造力，提高学生的学习效果并提升其兴趣。

第 **2** 章

课堂管理

2.1　课堂管理的含义

课堂管理是指教师在课堂上对学生行为、情绪和学习状态等方面进行引导、调节和规范的过程，旨在创造良好的学习环境，提高课堂教学效果。课堂管理的主要目的是为了保证课堂秩序，提高学生的学习兴趣和主动性，培养学生的自律能力和合作精神，使课堂教学达到高效有序的状态。

课堂管理的内容涵盖课堂纪律、教学规范、师生关系、心理辅导等多个方面。其中，课堂纪律是课堂管理的核心，是课堂管理的基础。教师需要建立课堂纪律制度，明确学生在课堂上的行为规范，例如不打扰他人、不随意离开座位、不说脏话等。教师还需要对学生的违纪行为进行及时、公正的处罚，并及时记录和反馈给学生及家长，以维护课堂秩序。

在课堂管理中，教师的教学规范也是非常重要的一环。教师需要规范自己的教学行为，例如准时上课、备课充分、讲授内容准确等。通过自己的表率作用，教师能够引导学生形成正确的学习态度和行为习惯，使课堂教学达到高效有序的状态。

课堂管理需要教师与学生之间的良好互动和师生关系的建立。教师需要与学生建立良好的关系，关注学生的身心发展，尊重学生的人格和特点，体谅学生的困难和不足。教师还要与家长建立良好的沟通渠道，及时反馈学生的学习情况和行为表现，形成学校、家庭、社会的多方合作，共同为学生的发展服务。课堂管理还需要教师关注学生的情感状态，通过心理疏导、情感教育等方式，引导学生树立积极乐观的心态，发掘学生的潜能和优点，帮助学生克服学习和生活中的困难。课堂管理还要注重课堂规则的建立。课堂规则是学生和教师共同遵循的规定，旨在确保课堂秩序和学习效果。教师需要在课堂开始前明确规则，并向学生传达这些规则的重要性和目的。一些常见的课堂规则包括：不使用手机或其他电子设备、尊重他人、准时到达课堂、不打断他人发言等。当学生违反纪律或规则时，教师应立即采取适当的措施，例如口头警告、讨论问题的严重性以及在必要时将问题反馈给家长，在家长的协助下解决问题。此外，良好的课堂管理还需要教师与学生之间建立积极的关系。教师应该关心学生的需要和情感，建立互相尊重和信任的关系。通过与学生建立联系，教师可以更好地了解学生的背景、兴趣和学习方式，并制订更适合学生的教学策略。同时，教师应该尽可能地关注每个学生，鼓励他们参与课堂活动，并给予及时的反馈和支持。

总的来说，课堂管理是通过制订清晰的目标、制订适当的课堂规则、维护秩序、建立积极的师生关系等方式，教师可以创建一个安全、温馨和高效的学习环境，使学生充分发挥自己的潜力，提高学习效果。

2.2　课堂管理的重要性

课堂管理对于教育、教学的成功至关重要，它直接关系到学生的学习效果、教师的教学质量和班级的学习氛围。具体来说，课堂管理的重要性体现在以下几个方面：

2.2.1　提升学生的学习效果

课堂管理可以提高学生的学习效果。学生的学习效果不仅仅与教师的教学水平有关，也与课堂管理有关。良好的课堂管理可以使学生在安静、整洁、舒适的环境中，专注于学习，提高学习效果。

课堂管理需要教师具备良好的组织能力和管理能力，才能根据学生的年龄、性格、学习特点等情况，制订出相应的教学计划和课堂管理计划，合理安排教学活动和学习任务，以确保课堂教学的有序进行。课堂管理还需要教师制订出相应的教学规则和纪律，对学生的行为进行规范，对学生的不良行为及时进行处理，采取相应的纠正措施，防止不良行为扩散，保障课堂秩序。同时，教师还应该对学生的优秀表现进行表扬和鼓励，激发学生的积极性，增强他们的自信心和学习动力。课堂管理也需要教师掌握一些有效的教学策略和方法。教师应该通过讲解、示范、引导等方式，积极引导学生参与到教学中来，增强学生的兴趣和参与度，使学生能够主动探究、发现和解决问题。同时，教师还应该根据学生的实际情况，采取多种教学手段和方法，让学生通过多种方式进行学习，以更好地掌握知识和技能。课堂管理还需要教师积极与学生和家长沟通和合作。教师应该了解学生的家庭背景、学习情况和特点，与学生和家长建立良好的沟通渠道，共同制订出学习计划和目标，协同合作，共同促进学生的成长和发展。

学生在课堂上的学习效果是课堂管理的最终目的。良好的课堂管理可以提高学生的自信心和自主性。在良好的课堂管理下，教师可以有序地进行教学活动，为学生提供一个有利于学习的环境。此外，良好的课堂管理还可以提高学生的参与度和积极性，可以提高学生的学习动力和学习兴趣，使他们更加愿意参与到教学过程中。一个良好的课堂管理可以鼓励学生提出问题，提供自己的意见和观点，从而积极参与到教学过程中，提高他们的学习动力和自主学习的意愿。同时，教师可以通过创造互动环境，鼓励学生思考和分析问题，以及培养他们的创造力和批判性思维。在这样的课堂环境中，学生可以更好地理解和掌握知识，同时也可以更好地提高自己的思维能力。在良好的课堂管理下，教师可以通过鼓励学生自主学习，鼓励他们自主解决问题，从而提高他们的自信心和自主性。此外，教师还可以通过关注学生的需求和兴趣，为学生提供个性化的学习机会和课程内容，让学生更有自主性地进行学习，通过多种教学策略和方法，使课堂内容更加生动、有趣，具有互动性，激发学生学习的热情和动力。教师可以采用多种方式来激发学生的学习兴趣，如举行小组讨论、实验演示、互动游戏等等。这些方法不仅可以使学生参与课堂活动，还可以增强学生的交流能力和合作精神，培养学生的团队合作精神和自我管理能力。同时，教师可以通过及时的反馈和鼓励，增强学生的自信心和自主学习的动力，让他们在学习中更加积极主动，获得更多的学习成果。

此外，良好的课堂管理还可以提高学生的学习效率。教师可以根据学生的学习特点和能力，合理地分配学习任务和时间，鼓励学生按时完成作业和任务，避免因时间浪费而影响学习效率。教师还可以通过提供相关的学习资源和材料，帮助学生更好地理解和掌握知识点，提高学习效率和获得更好的学习成果。

课堂管理对于学生的学习效果有着至关重要的影响。良好的课堂管理不仅可以创造出良好的学习环境和氛围，提高学生的学习效果和学习兴趣，还可以促进学生自主学习，养成团队合作精神，提高学生的学习效率和获得更好的学习成果。因此，教师应该重视课堂管理的作用，不断提升自己的教学水平和管理能力，为学生创造一个良好的学习环境和氛围，促进他们全面发展和成长。

2.2.2 提高教学质量

教学质量是一个综合的概念，包括学生的学习效果、教学过程的质量、教学目标的实现等。良好的课堂管理可以提高教学过程的质量，使教学过程更加有序、高效、生动，从而提高教学质量。教师可以通过课堂管理，使教学过程中的各个环节有机衔接，保证教学进程的顺利进行，达到教学目标。好的课堂管理可以让教师更加专注于教学内容和教学方法的设计和实施，让教师能够更好地组织教学，因材施教，让每个学生都能够有机会学习和进步。同时，好的课堂管理还可以让教师更好地掌握课堂进度，适时进行教学调整，保证教学效果。

课堂管理对学生学习效果有着重要的影响。良好的课堂管理可以营造一个积极、安全、有序的学习氛围，使学生更好地专注于学习。在这样的环境下，学生会更加主动地参与课堂活动，更加积极地思考和发言，从而加深对学习内容的理解和掌握。此外，好的课堂管理还可以帮助教师更好地发现和解决学生在学习中的困难和问题，及时给予帮助和指导，让学生在学习中得到更好的支持和帮助。因此，良好的课堂管理对学生的学习效果有着重要的促进作用。

课堂管理对教学过程的质量也有着不可忽视的影响。好的课堂管理可以使教学过程更加有条不紊，更加高效。教师可以通过课堂管理，合理安排时间和资源，使教学过程更加紧凑，更加充实。同时，良好的课堂管理还可以帮助教师更好地把握教学进度，适时进行教学调整，避免因为时间的限制而影响教学效果。此外，好的课堂管理还可以让教师更好地组织和设计课堂活动，更好地利用多种教学手段和方法，使教学更加生动、有趣，更加符合学生的认知规律和兴趣爱好，从而提高教学过程的质量。

　　课堂管理对教学目标的实现也有着重要的作用。好的课堂管理可以帮助教师更好地制订教学目标，更好地进行教学评估，从而确保教学目标得到实现。教师可以通过课堂管理，对学生的学习情况进行及时跟踪和评估，根据学生的实际情况适时调整教学策略，以确保教学目标能够得到实现。通过对学生的学习情况进行跟踪和评估，教师可以及时发现学生的学习问题和困难，针对性地进行教学调整和辅导，帮助学生克服学习障碍，提高学习效果。同时，好的课堂管理还可以让教师更好地了解学生的学习进度和学习成果，对学生的学习情况进行全面评估，从而更好地帮助学生制订个性化学习计划，实现个性化学习目标。

　　良好的课堂管理还可以让教师更好地掌握课堂进度，适时进行教学调整，保证教学效果，从而实现教育教学的最终目标——帮助学生提高全面素质，实现个性化学习目标，为未来的发展奠定坚实的基础。

2.2.3　创造良好的教育环境

　　教育环境是学生学习和成长的基础，良好的教育环境有利于学生的健康成长。课堂管理可以创造一个积极向上、有序、宽松、开放的教育环境，使学生的学习动机和自信心得到提高，有利于他们的学习和成长，有利于培养他们的学习兴趣和自主学习能力。

　　课堂管理可以创造一个积极向上的教育环境。在这样的环境中，教师和学生可以保持良好的沟通和合作关系，教师可以发挥自己的专业素养和经验，引导学生积极参与课堂活动，使学生在轻松愉悦的氛围中学习。同时，良好的课堂管理还可以激发学生的学习兴趣和动力，促进学生自主学习和提高学生探究的能力，帮助学生更好地理解和掌握学习内容，提升学习效果。

课堂管理可以创造一个有序的教育环境。在这样的环境中，教师能够有序地组织和管理课堂教学活动，确保学生能够按照教学进程有序地学习和掌握知识。同时，良好的课堂管理还可以帮助教师更好地管理学生的学习行为，规范学生的课堂行为，保持良好的课堂纪律，使学生能够养成良好的学习习惯和行为。

课堂管理可以创造一个宽松的教育环境。在这样的环境中，教师和学生之间可以建立和谐的师生关系，教师可以给予学生更多的关注和支持，帮助学生克服学习中的困难和障碍。同时，良好的课堂管理还可以保障更多的有效时间从而提供更多的学习机会和资源，满足学生不同的学习需求和兴趣爱好，鼓励学生发挥自己的创造力和想象力，实现个性化学习目标。

课堂管理可以创造一个开放的教育环境。在这样的环境中，教师和学生之间可以进行更为开放和自由的交流和互动，促进学生的自主学习和自我发展。开放的教育环境还可以鼓励学生表达自己的想法和意见，让他们更加积极地参与到学习中来，促进学生与教师之间的合作和沟通。此外，开放的教育环境还可以促进学生的创造性思维和创新能力的发展，让他们更好地适应未来的社会发展。

2.2.4 培养学生的行为习惯和价值观

课堂管理对于学生的行为习惯和价值观的培养也具有重要作用。课堂管理的本质是以一种有计划、有组织、有条理、有规范的方式来组织学生的学习和活动。在这个过程中，教师通过适当的管理方法和手段来引导和塑造学生的行为习惯和价值观，使他们养成良好的习惯和价值观，从而有助于学生的全面发展，使学生终身受益。

课堂管理可以帮助学生养成守纪律的好习惯。在课堂管理中，教师会对学生的行为规范进行明确和细致的说明，例如按时到课、认真听讲、积极参与课堂等等，同时教师也会对违反课堂纪律的学生进行批评和纠正。这样的课堂管理有助于让学生养成守纪律、遵守规则的好习惯，使他们能够更好地适应校园生活和社会生活。

课堂管理还可以培养学生尊重师长、友善同学的良好价值观。在课堂管理中，教师会强调学生应该尊重师长、与同学友好相处等方面的内容。教师通过自身的言行和行为引导学生，让学生明白尊重师长是一种传统美德，同时也能够让学生学会如何与同学和谐相处。这样的课堂管理有助于培养学生的社交能力和情感管理能力，提高学生的人际交往能力，同时也有助于学生的综合素质提高。

课堂管理还可以培养学生助人为乐的价值观。在课堂管理中，教师会注重培养学生的团队意识和合作精神，鼓励学生相互帮助，共同进步。通过这样的课堂管理，学生会明白团队合作的重要性，学会关心他人、帮助他人、尊重他人，形成一种乐于助人的良好价值观。这样的价值观对于学生的心理健康和社会适应能力有着重要的促进作用。

课堂管理对于学生的行为习惯和价值观的培养具有重要的作用。良好的课堂管理可以创造积极、阳光、和谐的教育氛围，激发学生的学习热情，提高学习效率。通过规范的课堂纪律、明确的教学目标、优质的教学内容、丰富的教学方法、公正的评价体系、良好的师生关系等方面，课堂管理可以帮助学生养成守纪律、尊重师长、友善同学、助人为乐等良好的行为习惯和价值观，促进学生的全面发展，使学生终身受益。

对于教师而言，课堂管理是一项至关重要的工作。教师需要具备良好的教学技能和管理能力，以便能够在课堂上发挥出最大的效益。通过不断的学习和实践，教师可以逐渐提高自己的课堂管理水平，使自己的教学工作更加出色，为学生的成长和发展做出更大的贡献。

2.2.5 提升班级凝聚力和团队合作精神

课堂管理可以促进班级凝聚力和团队合作精神的提升，这是因为一个良好的课堂管理可以创造出一个和谐、积极、互相信任的学习氛围，使学生们在其中感受到彼此之间的支持和鼓励，进而建立起良好的班级关系，促进团队合作精神的发展。

课堂管理可以促进班级凝聚力的提升。班级凝聚力是指学生们在班级中形成的一种强烈的集体认同感和群体归属感，是班级内部稳定、和谐的基础。良好的课堂管理可以创造出一个温馨、和谐的学习氛围，鼓励学生们进行互动和交流，增进彼此之间的了解和认识，从而建立起紧密的班级关系。当学生们感到彼此之间的联系更加紧密、班级氛围更加和谐时，他们会更加认同班级，更愿意为班级做出贡献，这样班级凝聚力就会更加强大。

课堂管理可以促进团队合作精神的提升。团队合作精神是指学生们在协作中形成的一种相互信任、互相支持、共同协作的心理状态和行为方式。良好的课堂管理可以创造出一个鼓励学生们合作的环境，让学生们在一起协作完成任务，发现并解决问题，共同完成学习目标。通过协作的过程，学生们不仅能够增强团队合作精神，还能够发现自己和他人的优势和劣势，学会相互配合和尊重，不断提高自己的个人能力和团队协作能力。

　　课堂管理可以为班级内的个体差异提供充分的关注和支持，从而促进班级的整体发展。良好的课堂管理可以为学生们提供一个公正、公平的学习环境，关注每个学生的个体差异，根据学生的实际情况制订相应的学习计划，帮助学生充分发挥自己的潜力。这样一来，每个学生都能够感受到自己在班级中的重要性和被关注程度，促进了他们的积极性和自信心的提升，有利于学生的全面成长和班级整体的发展。在关注学生个体差异的基础上，好的课堂管理也可以提供多元化的学习方式和资源，让每个学生都能够找到适合自己的学习方式和途径。例如，对于学习能力较弱的学生，教师可以采用多种不同的教学方法和策略，帮助他们更好地理解和掌握学习内容；对于学习能力较强的学生，教师可以提供更多更大的挑战和更深入的学习资源，满足他们的学习需求。这样一来，每个学生都能够得到充分的关注和支持，从而实现班级的整体发展和学生的全面成长。

2.3　课堂管理的实用策略和技巧

　　课堂管理的落实，不仅能够提高学生的学习效果，也能够提高教师的教学质量，培养学生的行为习惯和价值观，促进班级凝聚和团队合作，进而提高整个学校的教育水平。在实际的教学中，要想做好课堂管理，教师需要具备多方面的能力。首先，教师要具备专业的教育知识和教学技能，能够根据不同的学科、学生的年龄、性格等因素，灵活运用不同的教学方法和策略。其次，教师需要具备较高的心理素质，能够保持冷静、耐心和公正，处理好课堂内的各种问题和矛盾。此外，教师还需要具备良好的沟通能力、领导能力和组织能力，能够有效地协调学生、家长、校方等各方面的关系，确保课堂管理工作的顺利开展。总之，课堂管理是教育教学中至关重要的一环，它对于教育教学的成功起着决定性的作用。在今天这个竞争激烈的社会中，学生的综合素质越来越受到重视，课堂管理的重要性也越来越凸显。只有通过不断地提高自身的素质和能力，不断改进课堂管理工作，才能够更好地实现教育教学的目标，为学生的成长和未来发展奠定坚实的基础。

2.3.1 建立积极的学习环境

2.3.1.1 打造愉悦的学习氛围

（1）创造积极的氛围

作为教师，应该以乐观、积极的态度出现在课堂上，可以尝试使用鼓励性语言和表情来激励学生，提高他们的学习动力，鼓励学生在课堂上积极提问和参与讨论，并赞赏他们的贡献。

（2）营造互动性

在课堂上鼓励学生互动是非常重要的。这可以通过组织小组活动、开展课堂讨论或提供一些有趣的实验来实现。这些活动可以激发学生的学习兴趣，帮助他们更好地理解课程内容。

（3）使用多媒体教具

使用多媒体教具可以使课堂内容更加生动有趣。可以使用视频、图片、动画等多媒体素材来呈现课程内容，以吸引学生的注意力并加深他们对知识的理解。

（4）灵活的教学方法

每个学生的学习方式都不同，因此可以采用多种不同的教学方法来满足学生的需求。例如，可以通过讲解、示范、练习等方式来教授知识，并尝试使用不同的教学策略，如让学生自己解决问题、开展案例分析等。

（5）珍惜学生反馈

学生的反馈对于打造愉悦的课堂学习氛围非常重要。可以经常收集学生的反馈，并根据反馈进行调整。学生也会感受到他们的意见得到尊重，这有助于提高学生的学习动力。

2.3.1.2　确定清晰的学习目标

学生需要知道自己要学什么，学到什么程度，才能更好地投入学习。因此，教师需要在课堂上明确学习目标，并将其与学生分享。同时，教师需要根据学生的实际情况，制订具体的学习计划，让学生知道自己需要做哪些事情来达到学习目标。方法如下：

（1）鼓励学生自我评估

在课堂上，可以鼓励学生进行自我评估，了解自己的学习情况，以了解自己目前的掌握程度以及需要进一步加强的方面。这有助于提升学生的自我意识，认识到自己需要学习什么知识和技能。

（2）目标具体化

确保学生所设定的目标具体、可量化。例如，学生可以将目标定为"掌握有机化学中的酸碱反应"或"能够解决化学反应方程式"。

（3）为学生提供学习目标

在授课之前，可以向学生提供本节课的学习目标和期望的学习成果。这可以帮助学生更好地理解课程内容，并为他们设定目标提供基础。

（4）设定目标与评估标准

可以与学生一起设定目标，并让学生了解如何根据设定的目标来评估他们的学习情况。这可以让学生知道自己何时达到了目标，并有利于提高学习效率。

（5）定期检查学习目标

可以定期检查学生的学习目标，帮助他们确定目标是否达成，或者是否需要进行调整。这有助于学生根据自己的学习情况进行自我反思，及时调整学习计划和目标。

2.3.1.3　鼓励学生参与互动

互动是学习的重要方式之一，可以促进学生之间的交流和思维碰撞。教师可以通过多种方式鼓励学生参与互动。

（1）创造积极的课堂氛围

学生在一个积极、互动的氛围中更容易参与。教师可以设法营造开放式的学习环境，鼓励学生互相交流、分享意见、提出问题，表达自己的观点；采用一些轻松有趣的方式进行互动，比如游戏、讨论、小组活动等，让学生感到轻松愉快；给学生以充分的尊重和信任，鼓励他们敢于发言，不害怕犯错。

（2）采用多种互动方式

如果每节课只是一味地讲解，学生可能会感到单调和无聊，难以持续保持关注。在课堂上可以根据实际情况采取提问、讨论、实验、演示等多种方式解决学习问题。在提问时注意适当引导学生思考并回答问题，增强他们的参与度；讨论则侧重通过小组或全班讨论，让学生在课堂上相互交流；实验则要通过重要的化学实验锻炼学生的实践能力，通过学生的实验操作来增强学习效果；演示是采用放映和展示的形式，让学生通过观察和分析他人的实验、展示等加深对化学概念和化学原理的理解。

2.3.1.4　引导学生参与课堂互动

学生积极参与课堂互动可以促进学生的学习。通过课堂互动，学生可以与老师和同学交流意见、提出问题和分享经验，这有助于促进学生的学习。课堂互动可以激发学生的思考和创造力，帮助他们更好地理解学习内容。

学生积极参与课堂互动可以增强学生的参与感，让他们更积极地参与学习。通过与同学交流和互动，学生可以感受到自己的存在感和价值感，从而更愿意参与课堂讨论和活动。

学生积极参与课堂互动可以提高学生的表达能力，让他们学会更好地表达自己的观点和想法。通过和同学互动和交流，学生可以逐渐克服内向和羞涩，增强自信心和沟通能力。

学生积极参与课堂互动可以培养学生的合作精神，让他们学会与他人合作解决问题。在课堂上，学生可以分组合作完成任务，通过互相协作和交流，提高自己的团队合作能力。

学生积极参与课堂互动可以帮助自身更好地记忆和理解知识。通过与同学互动和交流，学生可以更好地理解和记忆知识点。当学生通过讨论和分享经验来探讨一个问题时，他们更可能掌握并记住该问题相关的信息。

2.3.1.5　给予及时反馈

高中教师在课堂上给予学生及时反馈是教学过程中的重要环节。首先，及时反馈可以帮助学生发现和纠正错误。在学习过程中，学生难免会出现各种错误和不足，如果不能及时发现和纠正，就会逐渐形成不良习惯，导致学习成绩下降。而及时反馈可以让学生知道自己在学习过程中哪些地方需要改进，从而及时纠正错误。例如，在学生完成作业后，教师可以及时给予反馈，指出学生在作业中存在的问题，并提供具体的改进方法和建议。其次，及时反馈可以帮助学生提高学习成绩。

在学习过程中，学生往往需要通过考试等形式来检验自己的学习成果。如果不能及时了解自己在学习中的表现，就无法及时调整学习方法和策略，提高学习成绩。而及时反馈可以让学生及时了解自己在学习中的表现，以便及时调整学习方法和策略，进一步提高学习成绩。例如，在考试结束后，教师可以及时给予学生反馈，帮助学生在下次考试中更好地发挥自己的能力。最后，及时反馈可以帮助学生自我调节和提高学习能力。在学习过程中，学生需要不断地调整自己的学习状态和策略，以便更好地适应学习的需求。而及时反馈可以让学生了解自己在学习中的表现，以便及时调整自己的学习状态和策略，从而进一步提高学习能力。例如，在课堂上，教师可以在学生回答问题时及时给予反馈，鼓励学生发挥自己的创造力和思维能力，培养学生的学习兴趣和自主学习能力。

2.3.2 处理学生的行为问题

作为一名高中教师，在进行课堂管理时，需要要求学生遵守一定的纪律，以维护课堂秩序，保证教学效果。同时，教师还需要采取及时的行动，对违纪学生的行为进行处理。

2.3.2.1 明确课堂纪律

在高中教育中，教师需要为学生营造一个遵守规则的环境，让学生从中感受到纪律、规则和秩序的重要性。课堂纪律是高中教育中至关重要的一个方面，它对学生的现在和未来都有着极其重要的正面影响。

　　课堂纪律的执行可以培养学生的自律意识，让他们明白遵守课堂纪律是为了更好地学习和成长。学生们必须意识到，自律不仅仅是遵守规则和秩序，而且还是在保持良好行为前提下的自我约束和自我提升。

　　遵守课堂纪律可以培养学生的责任感。在学校里，课堂纪律是每个人的责任，学生需要意识到自己的责任，认识到遵守课堂纪律对自己和他人的影响。教师需要通过课堂教育和实际操作，让学生明白自己的行为会对整个班级和学校产生影响。只有在学生们拥有责任感的情况下，才能真正做到课堂纪律的执行。

　　遵守课堂纪律还能增强学生的团队合作能力。课堂纪律的执行需要学生之间的团队合作。学生们需要遵守课堂纪律，相互尊重，协作完成学习任务。教师可以通过分组活动等方式培养学生的团队合作意识，让学生意识到只有团队合作才能完成更多的任务，也只有团队合作才能更好地遵守课堂纪律。

　　良好的课堂纪律还能提高学生的学习成绩。学生在遵守课堂纪律的过程中，能够更加专注地学习，提高学习效率，从而提高学习成绩。学生们在课堂纪律良好的环境中，能够更好地理解和消化所学知识，从而在考试中取得更好的成绩，获得更大的提升。

　　所以教师应该在课堂开始前明确课堂纪律，告知学生应该如何行动，以及不允许的行为。例如，教师可以在开学第一堂课上详细介绍课堂纪律，包括迟到、早退、打瞌睡、说话等方面的规定。同时，教师还可以让学生签署课堂纪律协议，以确保学生们理解和遵守课堂纪律。此外，教师还可以通过课堂布置、学生分组等方式，引导学生积极参与课堂活动，增强学生的课堂纪律意识。例如，教师可以将学生分成小组，让他们在小组内互相监督，遵守课堂纪律，发现违规行为及时报告。教师需要在课堂上明确课堂纪律，并告知学生违反纪律的后果。同时，教师需要对遵守纪律者进行表扬和鼓励，让学生知道守纪律是应尽的责任。

2.3.2.2　采取及时的行动

当学生违反纪律或出现问题时，教师应该及时采取行动来处理。这需要教师在课堂管理中具备果断、公正、严格的态度。教师需要采取一些措施来处理学生的行为问题。如果学生的行为影响到课堂秩序和其他学生的学习，教师应该立即制止不当行为，并让学生意识到他们的行为是不合适的。

（1）表达清晰的期望和规则

教师应该态度明确地表达课堂纪律和期望，让学生知道哪些行为是可以接受的，哪些是不可以接受的。教师还应该制订课堂规则，并让学生知道违反规则会带来什么后果。

（2）个别会谈

如果学生经常违反纪律或出现问题，教师应该与他们进行个别会谈。教师应该听取学生的意见和看法，并帮助他们找到解决问题的方法。

（3）提供正面激励

教师可以通过提供正面激励来鼓励学生遵守纪律和规则。例如，表扬学生遵守纪律或表现优异的行为，或者给学生发放小礼物或奖励等。处理问题的方法要公正、透明。教师需要确保他们的处理方法是公正、透明的，而不是随意或偏袒某些学生。当处理问题时，教师应该始终保持冷静，客观评估情况，并制订合适的解决方案。

（4）调整课堂管理策略

如果某个策略不起作用或者加剧了问题，教师需要考虑调整课堂管理策略。例如，如果严格的惩罚方法并没有改变学生的行为，教师可以考虑采取一些更加积极的方法来鼓励学生改变不良行为。

2.3.3 有效地管理时间

时间是有限的资源，尤其是在课堂上，教师需要管理好时间，确保在规定的时间内完成教学任务，同时也要保证学生有足够的时间来消化和吸收所学知识。以下是一些实用的课堂管理策略和技巧，有助于教师有效地管理时间。

（1）制订合理的教学计划

在开始教学之前，教师需要制订一个合理的教学计划，计划包括所需要讲解的内容、每部分内容需要的时间、教学方法和教学目标等。教师需要根据学生的实际情况和自己的教学经验来制订计划，保证教学过程有序、高效。同时，教师需要根据学生的掌握情况适时地调整计划，避免在某一内容上花费过多的时间，而导致后续内容无法完成。

（2）合理分配时间

教师需要合理分配时间，确保每个环节都有足够的时间来完成。例如，在安排学生完成课堂作业时，教师需要根据作业的难度和学生的能力来合理分配时间，避免时间过长或过短而导致学生无法完成作业。在课堂上进行活动或小组讨论时，教师也需要合理分配时间，让每个学生都有机会参与其中。

（3）合理安排课堂活动

在课堂上，教师可以采用多种教学方式，例如讲解、讨论、小组活动、实验等，以丰富教学内容、吸引学生关注、引起学生兴趣，并有效地利用时间。不同的教学方式适用于不同的教学目标和学生群体，教师需要根据实际情况选择合适的教学方式。

（4）利用教学工具和技术

在现代教学中，利用教学工具和技术也是一种有效的时间管理策略。例如，教师可以利用多媒体课件、互动白板、在线学习平台等工具和技术，增加课堂互动和学习效果，同时也能够节省教学时间和提高效率。

2.4 评估和调整课堂管理策略

课堂管理策略的评估和调整是课堂管理过程中的一个重要环节，它能够帮助教师及时发现问题、改进方法，使课堂管理更加有效和高效。本文将详细阐述如何评估和调整课堂管理策略，具体包括以下方面：

（1）收集反馈意见

评估课堂管理策略的有效性，需要收集学生、家长和同事的反馈意见。可以通过一对一的面谈、课堂调查问卷、小组讨论等方式来收集反馈意见。学生和家长可以提供对课堂管理策略的感受和建议，同事可以提供对教师课堂管理能力的评价和指导。收集到的反馈意见可以反映出教师在课堂管理中存在的问题和不足之处，从而有针对性地进行改进。

（2）分析课堂管理效果

通过定期的课堂观察和记录，分析课堂管理策略的效果，教师可以记录学生的行为、学习状态和成绩等信息，以便于分析课堂管理策略是否能够促进学生的学习和行为习惯的改善。如果发现某些学生在某些课程中的表现不如预期，教师可以分析原因，从而进行课堂管理策略的调整。

（3）定期反思和总结

教师需要定期反思和总结课堂管理的实施过程和效果。教师应该在课堂管理实践中保持警觉，经常反思自己的课堂管理策略是否有效，是否有改进的空间。教师可以通过观察学生的表现，听取学生和家长的反馈意见，以及与其他教师的交流，不断优化和完善自己的课堂管理策略。例如，教师可以在每节课结束后花费一定时间回顾这节课的课堂管理情况，思考自己在课堂管理方面取得的成效和存在的不足。同时，教师也可以在课后听取学生和家长的反馈意见，了解学生和家长对自己课堂管理策略的认可程度，根据反馈意见及时调整自己的策略。此外，教师还可以与其他教师进行交流，学习其他教师的课堂管理经验，借鉴其成功的策略，同时也可以向其他教师请教自己遇到的问题，共同探讨解决方案。

通过经常自我反思和改进，教师可以逐步完善自己的课堂管理策略，提高课堂管理效果，为学生创造更好的学习环境并促进学生的全面成长。同时，教师也能够在不断的实践和改进中，提升自己的教学能力和素养，成为一名更加优秀的教育工作者。教师可以从自身角度出发，对自己的课堂管理能力和课堂管理策略进行反思，找出不足之处，并制订相应的改进措施。同时，教师也可以与同事进行交流和讨论，共同总结课堂管理的实践经验，分享成功案例和失败经验，从而不断改进课堂管理策略。

（4）调整课堂管理策略

根据反馈意见、分析效果和反思总结，教师需要及时调整课堂管理策略，以提高其实效性。调整的方法有很多种，如调整教学方法、调整教学内容、调整班级规则、调整教师行为等。具体调整的方式需要根据具体情况而定，关键是要考虑到学生的需求和实际情况，确保调整后的策略能够取得更好的效果。

（5）教师掌控课堂的细节提醒

① 课前要"胸有成竹"。

教师唯有备课时的全面考虑与周密设计，才会有上课前的胸有成竹，才能在课堂上有效引导并动态生成知识，进而使得上课前内心充满自信，以应对各种挑战。这样，才能在课堂中游刃有余，发挥出最佳的教学效果。备课是教师教学工作的基石，它远不仅仅是简单的准备教案和课件，更是一次对知识的深入思考和教学策略的细致谋划。通过全面考虑学生的学习需求、教学目标和教学资源，教师能够设计出激发学生思维、引导互动和培养解决问题能力的教学活动。教师应该保持对知识的渴望和深入探究的精神，只有在教学准备的过程中不断追求完美和创新，才能够给学生带来真正有价值的教育体验。同时，教师也应该时刻提醒自己，教育不仅仅是传递知识，更是培养学生的思维能力、创造力和责任感的重要途径。因此，当教师能够在备课阶段进行全面考虑和周密设计时，他们在课堂上的自信将显而易见。这种心态和准备让他们能够灵活应对各种教学挑战，从而在课堂中游刃有余，给予学生最好的教育启迪和引导，让每一堂课都成为学生成长和发展的宝贵机会。

② 上课时要充满激情。

富有激情的课堂能激起学生渴求知识、努力学习的热情，从而有效调动学生探究问题的主动性和积极性。让学生在幽默的氛围和笑声中学习，教师在教学活动中恰如其分的、比较幽默的语言，常常会引发阵阵笑声，这种幽默往往会比清晰的讲述更有吸引力，它会使学生在这种轻松的氛围中理解概念，更会激发学生对学习的热爱。教师的激情能够给学生传递积极的情绪和态度。当教师展现出积极向上的情绪和态度时，学生更容易受到鼓舞和启发。这种积极的情绪和态度有助于营造积极的学习氛围，帮助学生克服困难、保持乐观的心态，并以积极的态度面对学习挑战。教师的激情还能够增强教师与学生之间的互动和联系。激情的表达使得教师更加亲切和易于接近，学生更愿意与其交流并提问。这种积极的互动促进了师生之间的有效沟通，有助于教师更好地了解学生的需求和困难，进而调整教学策略，提供个性化的指导。

③ 学会倾听学生的心声。

教育的目标是培养人，作为教师，应该俯下身来听听学生的心灵之音，重视他们的喜怒哀乐，关注他们的情感倾向。通过与学生的交流和观察，了解他们的兴趣爱好、学习方式和学习目标。可以通过问卷调查、小组讨论或个别谈话等方式收集学生的反馈，从而更好地理解学生的需求和期望。倾听学生的心声是与学生建立良好师生关系的基础。教师应该以尊重和关爱的态度对待学生，倾听他们的疑虑、困惑和情感表达。通过与学生的交流和沟通，建立互信的关系，使学生愿意分享内心的想法和困难。通过倾听学生的心声，教师能够更好地满足学生的需求，站在他们的角度思考问题，并以他们的困难为出发点解决教学问题。这样可以营造一个开放和尊重的学习环境，鼓励学生表达自己的想法和意见。教师可以组织讨论、演讲或展示等活动，让学生有机会分享自己的见解和经验。这样更能够增强学生的自信心，培养他们的表达能力和批判思维。

④ 用心记住每名学生的名字。

教师上课时能熟记并且随时叫出学生的名字，学生就会感到获得了尊重，自然对教师产生了信任感、亲切感，这种情况下的教学效果往往会更好。教师用心记住每一名学生的名字不仅体现了对学生的尊重和关注，还能够建立良好的师生关系，提高学习动力和效果。这种教学环境中的个体化关怀和亲切互动将促进学生积极参与并提升学生的学习成就感。当教师能够记住学生的名字并随时叫出，学生会感到自己在课堂上被认可和重视。这增强了学生的归属感，使他们觉得自己是教学环境中重要的一部分，从而更积极地参与课堂活动。通过记住学生的名字，教师能够在人际交往中建立更亲密的关系。学生会感受到教师的关心和尊重，从而更愿意与教师进行沟通和互动。这为教师提供了更好地了解学生需求、指导学生学习的机会。当学生感受到教师对他们的个人关注，他们更有动力投入学习。记住学生的名字可以帮助教师与学生建立更紧密的联系，增强教师的影响力和学生的学习动力。学生在这种积极的学习氛围中更容易集中注意力、参与课堂，提升学习效果。记住学生的名字表明教师关注每一名学生的个体差异和需求，这有助于建立信任和友好的氛围。学生感受到教师的亲切和尊重，更愿意与教师建立积极的关系，促进有效的学习交流和合作。教师能够随时叫出学生的名字，可以更轻松地与学生进行个别互动。这种互动有助于教师了解学生的学习情况、掌握他们的学习进展，并及时提供针对性的指导和支持。

⑤ 第一印象很重要。

教师的第一节课，应该拉近和学生的距离，培养学生对这门学科的兴趣，学生的兴趣有了，教师以后的教学就会顺畅些。教师应该在第一节课中展现积极和热情的态度。这可以通过热情的问候、友好的微笑和自我介绍来体现。教师应该向学生传递对教学的热爱和渴望，让学生感受到积极的能量。教师在第一节课中应明确课程目标和期望，并向学生介绍课堂规范和期待的行为。这有助于建立一个有序和尊重的学习环境，让学生明确自己在课堂中的角色和责任。课堂要立规矩，积极、向上、有序的课堂规则，会使师生之间目标一致，形成愉快和谐的课堂气氛，从而促进学生养成良好的课堂行为，激发学生的成就动机和进取心。

⑥ 做一个真实的人。

身教重于言教，教师对学生不仅仅是传授知识，还时时刻刻在以自身的人格魅力、对工作的态度以及一点一滴的行为影响着学生。优秀的教师能够以真实的形象出现在学生面前，以此赢得学生的尊重和爱戴。通过身体力行展现自己的价值观和道德准则，教师能够深刻地影响学生的思想与行为。一个真实的教师在课堂上能够展现真诚和坦率的态度。他们不隐藏自己的情感和态度，而是以真实的情感与学生进行互动。这种真实性能够让学生感受到教师的关怀和真心，建立起师生之间的信任和亲近感。学生会因为教师的真实而愿意倾听他们的教诲，从而更好地接受教育的影响。

同时，一名真实的教师能够通过自身的人格魅力和正面的榜样作用来激发学生的积极性和潜能。他们展现出对工作的热情和执着，通过自身的努力和奉献，激励学生追求卓越。这种人格魅力能够激发学生内在的动力，使他们对学习充满热情和动力，愿意为之努力奋斗。此外，一个真实的教师也注重自我反思和成长。

他们愿意承认自己的不足和错误，并勇于改进和进步。这种真实性和谦虚的态度会给学生树立一个积极的榜样，鼓励他们勇敢地面对挑战和困难，不断追求自我提升和成长。因此，教师的人格魅力对教学的影响至关重要。通过展现真实、真诚和正面的态度，教师能够赢得学生的尊重和喜爱，并激发他们的学习动力和自我发展的欲望。一个真实的教师能够成为学生生命中的导师和榜样，引领他们成为更好的自己。

⑦ 和学生有个约定。

学生们的潜力是无限的。一旦他们和教师建立了一种特殊的约定，教师寄予了对他们的期望，他们的智力、情感甚至个性都会得到充分的发展，最终超越自我而非选择平凡。在预定中给学生一个期望，并把这种期望付诸思想教育的过程，经过一段时间的努力，这些学生常常如教师所期望的那样不断进步。

⑧ 表扬与批评。

面对高中学生，正面教育效果会更显著。所以教师的课堂管理应以正面引导为主，以学生为中心，通过正面教育使学生心悦诚服，自觉克服不足之处，逐渐形成良好的道德行为习惯。教师可以在课堂中随时寻找学生榜样，如听课专注、书写规范、提问有深度、善于使用草稿纸等，因为榜样的力量是无穷的。榜样的激励作用远比口头教育更具说服力和号召力，更易引起学生在情感上的共鸣，激发他们模仿和追赶的愿望。

当然，学生成长的过程中避免不了会犯错。教师保持平和的心态是正确对待学生犯错误、帮助他们有效改正所犯错误的关键。教师还应该拥有包容的心态。教师的包容是学生自信心的保护伞，是学生发展的一种动力，为学生的成长留足了自主反思的空间。教师要学会善待学生的错误。学习过程中犯错误是不可避免的，当他们犯错误时，教师应关注并给予他们改正错误的机会，不让他们带着错误回家。当学生出现错误时，教师一定要注意教育的方法，委婉的语气既可以保护学生的自尊心，又可以让学生感受到教师的帮助和希望。尽量不当众批评学生，这样既保护了学生的自尊心，又尊重了学生的人格。教师还可以通过个别谈话，避免与学生在课堂上正面冲突，同时呵护学生的自尊心，更容易进入学生的内心世界，从思想上改变他们的错误认识。让学生自己"认错"也是处理学生犯错时的一个有效办法。教师对学生犯的非原则性错误不必去严厉地指责和处罚，而应同他们一起进行必要的分析，使他们认识自己的错误。对于学生的某些不良行为，老师可以采取适当的善意"忽视"。教师的善意"忽视"会流露出对孩子的爱和尊重。善意地"忽视"学生的不良行为，有意识地关心其积极的行为，更有利于学生不断主动纠正自己的错误。

表扬要适时适度，慎重使用物质奖励。过度依赖物质奖励可能导致学生将学习和行为的动机仅仅建立在物质回报上。这样的奖励机制可能会削弱学生对知识本身的兴趣和内在动机，而过分强调外在奖励，忽略了学生对于个人成长和学习过程的追求。另外，物质奖励往往只是暂时性的，一旦奖励消失，学生可能会失去动力和兴趣。他们可能会倾向于追求更多的奖励，而不是真正专注于知识的习得和个人发展。这种短期的激励效果并不会帮助学生建立长期的学习动力和自我激励机制。过多强调物质奖励可能使学生偏离综合素质的培养，他们可能更关注于完成任务以获得奖励，而忽视了其他重要的学习目标和价值观的培养。这种片面的奖励导向可能会影响学生的个人成长和全面发展。

把握激励学生的最佳时机，能有效地促使学生内心的消极情绪转化为积极情绪，并化为良好的行动。当学生取得进步、完成任务或展现出良好的表现时，教师应立即表扬和肯定他们的努力和成绩。这种积极的反馈可以激发学生的自信心和动力，促使他们在学习中保持积极态度。

第 **3** 章

学生主动学习

3.1 学生主动学习的相关理论

学生主动学习是一种教育方法，它鼓励学生在课堂中自主学习和思考，而不是被动地接受教师的知识。学生主动学习的理论基础包括教育学和心理学中的多种理论。学生主动学习的教育学和心理学的相关理论主要强调学生自主参与学习活动、思考、比较、归纳和推理、与他人互动和合作，以及感受到自己的能力和成就等方面，旨在帮助学生更好地理解和应用知识。

（1）建构主义理论

建构主义认为人们在认知和理解世界时，不是简单地接受客观存在的事实，而是通过文化、社会和历史的交互作用来构建自己的知识和经验。建构主义在哲学、社会学、教育学等领域都有重要的应用。建构主义的重要代表人物之一是瑞士心理学家让·皮亚杰。他主张儿童的认知发展是通过积极的互动和体验来构建的，强调人们在理解世界时的积极作用。建构主义的另一个重要代表人物是法国哲学家和社会学家布鲁诺·拉图尔，很多人也将其翻译为布鲁纳（Bruna）。他认为，人类并不是简单地接收外部世界的信息和经验，而是通过自己的思考、经验和行动来建立自己的认知和理解。他的理论认为，人类认知的本质是建构性的，这种建构性是由人类自己的思考和行为所形成的。建构主义理论的核心概念是"建构"，这是一种个体通过自己的认知和行为来建立自己的知识和理解的过程。在布鲁纳看来，建构过程是由三个主要的因素所构成的：个体的思考和推理能力、个体与环境的互动以及个体对所接收到的信息的处理方式。由于本书用到的建构主义理论主要取用布鲁纳的理论，所以在此重点介绍。

在布鲁纳的建构主义理论中，个体的思考和推理能力是十分重要的。个体需要运用自己的认知能力，通过不断的思考和推理来建立自己的知识和理解。这些知识和理解是通过不断地对外部世界进行观察和理解来建立的，而不是通过被动地接收信息。此外，个体与环境的互动也是建构主义理论的重要概念之一。个体通过与环境的互动来建立自己的认知和理解。个体与环境的互动包括与其他人的交流、观察和体验世界等。最后，个体对所接收到的信息的处理方式也是建构主义理论的重要因素之一。个体需要通过自己的思考和推理来处理所接收到的信息，并将其纳入自己的认知体系中。这种处理方式是基于个体对外部世界的认知和理解，而不是仅仅被动地接收信息。

布鲁纳的建构主义理论认为，个体的认知和理解是通过自己的思考、经验和行动来建立的。这种认知和理解是个体自己建构出来的，而不是简单地被动接收外部世界的信息和经验。建构主义理论在教育和学习领域有着广泛的应用，因为它强调了学习和教育应该是基于个体的思考和推理能力，学生主动学习可以促进知识的建构和理解，学生通过主动参与学习活动，探索新的知识和经验，将这些知识和经验与已有的知识和经验相结合，进而构建新的知识和理解。

（2）认知学习理论

认知学习理论是指对人类认知和知识获取过程进行深入研究的一种理论。杰罗姆·布鲁纳是认知学习理论的代表人物之一，他提出了"发现学习""教学结构"和"符号性表征"三个核心概念，这些概念对认知心理学、教育学、儿童发展等领域都有着重要的影响。布鲁纳的认知学习理论认为，学生主动学习可以促进对知识的深层次理解。他认为，学生通过主动思考、比较、归纳和推理，能够更好地理解和应用知识。布鲁纳的认知学习理论强调学习者自主学习，通过探究和发现知识，建立正确的知识结构，以及利用符号性表征来加深记忆和应用。这些概念对于现代教育实践和儿童发展都有着重要的影响。

布鲁纳提出了"发现学习"的概念。他认为，学习者通过发现、理解和应用知识，可以更好地掌握和应用知识。发现学习强调学习者自主学习，通过探究和发现，学生可以更好地理解和应用所学的知识。因此，教师应该创造良好的学习环境，鼓励学生探究和发现知识，帮助学生理解知识的本质和应用方法。

布鲁纳提出了"教学结构"的概念。教学结构是指在学习过程中，如何将知识组织起来以便于理解和应用。布鲁纳认为，教师应该帮助学生建立正确的知识结构，这可以通过提供具有代表性的例子和经验、提供故事或案例来实现。通过将知识组织成有意义的结构，可以帮助学生更好地理解和应用知识。

布鲁纳提出了"符号性表征"的概念。符号性表征是指将信息编码为符号或模型，使其易于记忆和应用。例如，学生可以通过将新的单词与图像或其他符号相结合来记忆单词，以此帮助记忆。符号性表征对于知识的记忆和应用非常重要，因为它可以帮助学生将知识组织成一个整体，并在需要时快速地调用。

(3) 社会文化理论

维果茨基的社会文化理论是教育心理学和教育学中一个重要的理论，它认为学习是通过社会文化环境的交互作用和建构实现的。这一理论的核心思想是学习的社会性，即个体学习与社会文化环境的互动密切相关，人们的思维和行为都是在这种互动过程中形成的。社会文化理论认为，学生主动学习需要通过与他人的互动和合作来促进。他认为，学生通过与他人交流、合作和互相支持，能够更好地理解和应用知识。维果茨基强调，学习是通过社会和文化环境的交互作用和建构实现的，人们的思维和行为都是在这种互动过程中形成的。人类的思维和文化都是社会历史的产物，它们是在社会实践和文化传承中不断发展和演变的。个体的学习过程是社会文化历程的延续和重现，它是通过个体和环境之间的相互作用和建构来实现的，个体的学习和发展是在社会交往和文化传承中实现的。他提出了一系列概念和原则，来说明学习的社会性和文化性：

① 互动性原则。

维果茨基认为，学习是一种互动过程，个体和环境之间通过互动建构实现。他强调，学习不仅仅是个体单方面的接受和处理信息，而是通过个体和环境之间的互动来实现的。这种互动包括个体和他人之间的互动，个体和文化物质之间的互动，以及个体和社会制度之间的互动等。

② 中介性原则。

维果茨基认为，人类学习和发展的过程中，文化工具和符号起着非常重要的中介作用。他认为，文化工具和符号是人类思维和行为的重要来源，它们是人类认识和掌握世界的重要手段。个体在使用这些文化工具和符号的过程中，不仅仅是简单地接受信息，而是通过使用它们来建构新的思维和行为模式。

③ 区域性原则。

维果茨基认为，学习和发展是在特定的社会文化环境中实现的。他认为，不同的文化环境和社会背景对个体的学习和发展具有不同的影响，因此，学习和发展的过程具有区域性。

④ 社会化原则。

维果茨基认为，个体学习和发展的过程中，社会化起着至关重要的作用。他认为，社会化是指个体通过参与社会文化活动和交往，从而逐渐接受和内化社会文化价值观、信念和规范的过程。个体的学习和发展是在社会化过程中实现的，个体通过与他人的交往和合作，逐渐理解和接受社会文化中的规范和价值观，形成自己的行为准则和认知模式。

⑤ 意义建构原则。

维果茨基认为，学习和发展是在个体对所学内容的意义和价值的建构过程中实现的。他认为，个体不是简单地接受外界的信息和知识，而是通过建构意义和对知识的理解，将它们转化为自己的认知结构和行为方式。个体对所学内容的意义和价值的建构是与社会文化环境紧密相关的，不同的文化环境和社会背景会影响个体对所学内容的理解和建构。

在维果茨基的社会文化理论中，他还提出了两个重要的概念：近似发展区域和区域发展阶段。近似发展区域指个体在具有引导和支持的情况下，能够实现的发展水平，是个体已经具备的能力和即将发展的能力之间的差距。区域发展阶段则是指个体能够通过引导和支持，进入到一个新的发展阶段的临界点。

社会文化理论对教育实践和教育改革产生了重要的影响。这一理论强调学习的社会性和文化性，提出了互动性、中介性、区域性、社会化和意义建构等原则，对教育实践提供了重要的指导。在教学实践中，教师应该创造积极的社会文化环境，促进学生和环境之间的互动和建构，引导学生在社会化和文化工具的支持下，建构意义和对知识的理解，提高学生的学习效果和发展水平。

（4）自我决定理论

自我决定理论（self-determination theory，SDT）是一种心理学理论，旨在描述和解释人类动机的本质。该理论由美国心理学家爱德华·德西和理查德·瑞安于1985年首次提出，他们认为，人类是活跃、自主的个体，能够主动地追求自己内在的、有意义的目标。SDT的核心概念是自主性（autonomy）、关系（relatedness）和能力（competence），这三个概念在人类动机和心理健康方面具有重要作用。

自主性是指个体的行动和决策是自主的，即出于内在的意愿和价值观，而不是受到外在的控制和压力。这种自主性有助于个体建立更深层次的动机，并提高他们的心理健康和幸福感。关系是指个体的社交联系和互动，以及与他人的联系和互动对个体的影响。人类是社会动物，他们需要归属感和交往，以满足他们的基本需求，并实现自己的潜力。能力是指个体对特定任务或活动的能力和信心。当个体感到自己能够完成任务或实现目标时，他们更有可能全身心地投入并获得成功。

SDT还提供了两个重要的概念，即外部控制（external regulation）和内部控制（internal regulation）。外部控制是指来自外部的压力和奖励，例如金钱、奖项或惩罚，以及其他人的期望和压力。当个体的行动受到外部控制时，他们可能会失去对自己的行为和决策的控制，从而减少他们的自主性和内在动机。内部控制是指来自个体内部的意愿和价值观，以及对个体的兴趣和好奇心的驱动。当个体的行动受到内部控制时，他们更有可能投入行动中，并获得满足感和成就感。

在SDT的框架下，存在着三种不同类型的动机，即内在动机、外在动机和无动机。内在动机是指个体内在的动力和兴趣，他们从事某项活动或任务是因为这些活动或任务本身是有趣和有意义的。外在动机是指个体受到外在因素的影响，例如金钱、奖项、惩罚或其他人的期望和压力，从而进行某项活动或任务。无动机是指个体对某项活动或任务缺乏动机，可能是因为他们感到任务过于无聊或缺乏意义。SDT认为，内在动机是最有助于个体成长和发展的动机类型，因为它们是出于个体自身的意愿和价值观，并能够激发个体的创造力和创新性。而外在动机和无动机则可能会削弱个体的内在动机，降低他们的自主性和内在动机。

在SDT的框架下，还有一些重要的实践应用，例如教育、工作场所和健康领域。例如，在教育领域，SDT强调学生的自主性和能力，认为他们需要获得发挥自己能力的机会和自主学习的机会，以及对学习内容的兴趣和意义的理解。在工作场所，SDT强调员工的自主性、关系和能力，认为员工需要被赋予足够的自主权和自主决策的权力，以及与同事和上级的关系和互动的支持。在健康领域，SDT强调个体的自主性、关系和能力，认为他们需要获得满足自身需求的机会和支持，并与他人建立健康的关系和互动，以及增强自己的能力和信心。

自我决定理论作为一种重要的心理学理论，它提供了一种解释和理解人类动机的本质的框架。该理论认为，学生主动学习需要满足三种基本需求：自主性、关联性和能力感。学生通过自主选择学习内容、参与学习活动，与他人建立关联，以及感受到自己的能力和成就，能够更好地发挥自己的学习潜能。通过强调自主性、关系和能力等核心概念，SDT不仅有助于个体实现自己的潜力和提高自身的幸福感和心理健康，也为教育、工作场所和健康领域等实践应用提供了指导和启示。

3.2 学生主动学习的概念和意义

学生主动学习是一种基于学生的主体性和自我决策的教育理念和实践方式。它强调学生在学习过程中具有探究和发现的能力，能够自主地选择学习目标、学习方法和学习资源，通过自我反思和评价来不断提高学习效果和质量。这种学习方式需要教育者创设宽松的教育环境和灵活的教学方式，引导学生逐步形成自我管理和自我教育的意识和能力。

学生主动学习能够激发学生的学习兴趣和学习热情，有助于学生获得长期的学习效果。自主学习让学生掌握自我管理的能力，可以根据自己的特点和需要，自主选择学习的内容和方式，形成自己的学习方式。自主学习过程中，学生可以从自己的错误和经验中学习，反思自己的学习方法和习惯，不断优化自己的学习策略，获得更好的学习效果。学生在自主学习的过程中，能够更好地理解和掌握知识，增强自信心和自尊心，提高自我效能感和自我实现感。其次，学生主动学习有利于培养学生的自主学习能力和批判性思维能力。学生通过自我探究和自我反思，可以帮助学生形成自我认知和自我管理的能力，从而促进个人的全面发展。自主学习能力的培养过程中，学生需要不断探索自己的优势和不足，形成自己的学习计划和目标，不仅可以提高知识水平，还可以进一步提高自我认知能力、自我管理能力和自我教育、自我评价等方面的能力，增强对学习的主动性和自主性，促进全面发展和成长。此外，学生主动学习还有助于培养学生的创新思维和解决问题的能力。在主动学习的过程中，学生需要不断地思考和实践，探索和发现新的知识和解决问题的方法，从而提高创新思维和解决问题的能力，为未来的发展打下坚实的基础。此外，学生主动学习还能够促进个性的发展和实现。学生在主动学习的过程中，可以根据自身的兴趣和特长选择学习内容和学习方式，发挥自己的潜能和创造力，实现自我价值和个性发展，有助于学生在未来的职业发展中获得更好的竞争力。未来职场需要的不仅仅是技能，更需要的是学习能力和创新能力。自主学习能力让学生在工作中能够自主解决问题，从而在工作中表现更加出色，更加有竞争力。

尽管学生主动学习具有许多的优点和好处，但也存在一些挑战和难点。首先，学生主动学习需要学生具备一定的自我管理和自我教育的能力，而这对于一些学生来说可能会比较困难。其次，学生主动学习需要教育者具备更加宽松和灵活的教学方式和教育理念，这对于一些教育者来说也是一种挑战。

3.3 培养学生自主学习能力的策略和技巧

培养学生自主学习能力需要教师和学校的共同努力。教师可以从以下几个方面入手：

（1）设计具有启发性的课程

教师应该在教学中尽量让学生参与到课程设计和教学活动中。通过引导学生探究问题和解决问题的过程，培养学生的自主学习能力。例如，在一些综合性课程中，可以让学生根据自己的兴趣和需求选择学习的主题和内容，以激发学生的学习热情和主动性。

（2）提供多样化的学习资源

教师应该为学生提供多样化的学习资源，包括书籍、网络资源、视频、游戏等。同时，教师也应该引导学生如何利用这些资源来学习和探究问题。例如，在教学中可以采用多媒体教学手段，让学生通过观看视频、玩游戏等方式来学习。

（3）鼓励学生自主学习

教师应该鼓励学生自主学习，鼓励他们自己思考问题、探索问题的解决方法和策略。同时，教师也应该提供一定的支持和指导，帮助学生克服学习困难和挑战。例如，在学生自主学习过程中，教师可以定期与学生沟通，指导他们进行学习计划和目标的设定，并提供反馈和建议。

（4）创造有利于自主学习的学习环境

教师应该创造一个有利于学生自主学习的学习环境，包括学习资源的丰富性、教学设备的完备性、学习氛围的良好性等。同时，教师还应该注意学生的个体差异，随时为学生提供个性化的学习环境和支持。

例如：学生小 Q 是班级中成绩优秀、积极参与课堂教学的学生，他常常寻求老师的指导和建议。在与小 Q 的交流中，教师可以运用三句话公式：

第一句话："你说呢？"

教师在小 Q 请教问题或寻求建议时，不急于给出答案，而是先回应："你说呢？"这句话传达出对小 Q 的信任和鼓励，同时让他思考并提出自己的看法和解决方案。

第二句话："还有没有更好的方法？"

当小Q提出自己的方法或建议时，教师不直接表态，而是引导他继续思考："还有没有更好的方法？"这句话鼓励小Q不断探索和提升，促使他思考其他可能的方案，以拓宽思维和做出更全面的决策。

教师可以提出相关问题或示例，激发小Q的创造力和批判性思维，帮助他深入思考并从中选取最佳的解决方案。

第三句话："太棒了！"

无论小Q最终选择哪种方法或方案，教师都可以给予积极的反馈和肯定："太棒了！你在解决问题的过程中深思熟虑展现了创造性。你的努力和成果令人钦佩。"这句话不仅表达对小Q的赞扬，更提供了具体的反馈，让他明确自己的优点和价值，并为他树立更高的目标。

通过这样的交流沟通，教师能够启发学生的自主思考和解决问题的能力，培养他们的创造性和自信心。

(5) 培养学生的自我评价和调整能力

教师应该培养学生的自我评价和调整能力，让学生能够对自己的学习效果和方法进行评价，并能够根据评价结果进行调整和改进。例如，在教学过程中，教师可以要求学生对自己的学习过程和学习成果进行记录和总结，帮助学生更好地了解自己的学习状况，并根据自己的需要进行调整。例如，学生对很多化学物质的俗称记忆得不准确，经过多次记忆依然将某些化学物质的俗称弄混淆。在这种情况下，老师就要引导学生对自己该部分内容的学习情况作个自我评价，并根据自己的实际情况进行判断和调整，是否有必要将易混淆的各物质梳理一下，并做成表3.1。

表 3.1 常见物质的俗名

物质	俗名	物质	俗名
Na_2CO_3	纯碱、苏打	KOH	苛性钾
$NaHCO_3$	小苏打	NaOH	烧碱、火碱、苛性钠
$CuSO_4 \cdot 5H_2O$	胆矾	Na_2SiO_3 的水溶液	水玻璃
$FeSO_4 \cdot 7H_2O$	绿矾	CH_4	天然气、沼气
$KAl(SO_4)_2 \cdot 12H_2O$	明矾	CH_3CH_2OH	酒精
$CaCO_3$	石灰石	$C_6H_{12}O_6$	葡萄糖或果糖
CaO	生石灰	$C_{12}H_{22}O_{11}$	蔗糖或麦芽糖
$Ca(OH)_2$	熟石灰、消石灰	$(C_6H_{10}O_5)_n$	淀粉或纤维素
NaCl	食盐	$CO(NH_2)_2$	尿素
$CaSO_4 \cdot 2H_2O$	生石膏	$2CaSO_4 \cdot H_2O$	熟石膏

在学习氯气的相关知识时，学生也可以根据自己的学习情况，适时调整学习方法，将液氯、新制氯水、久置氯水的性质对比如表3.2。

表 3.2 液氯、新制氯水、久置氯水对比

物质	液氯	新制氯水	久置氯水
成分	Cl_2	Cl_2、HClO、H_2O、H^+、Cl^-、ClO^-、OH^-	H^+、Cl^-、OH^-、H_2O
分类	纯净物	混合物	混合物
颜色	黄绿色	浅黄绿色	无色
性质	氧化性	酸性、氧化性、漂白性	酸性
保存方法	特制钢瓶	棕色试剂瓶盛装，置于阴凉处，一般配现用	置于普通试剂瓶，玻璃塞即可（会腐蚀橡胶）

(6) 建立自主学习的奖励机制

教师应该建立自主学习的奖励机制，激励学生积极参与自主学习活动。例如，在学习竞赛中设置自主学习奖项，对自主学习能力突出的学生进行表彰和奖励，以此鼓励学生更加积极地参与自主学习。

但是实现这些策略需要教师和学校的共同努力。同时，还需要

培养学生的自主学习技巧，下面将介绍一些培养学生自主学习能力的技巧。

① 目标设定和规划。

目标设定和规划是培养学生自主学习的重要技巧。学生应该学会设定明确的学习目标，并根据目标规划学习进程和时间。在设定目标时，学生应该充分考虑自己的兴趣和能力，制订可行的目标，并适当设置挑战性。同时，在规划学习进程和时间时，学生也应该合理分配时间和精力，避免浪费和拖延。

② 积极探究和研究。

学生应该积极探究和研究问题，从多个角度和维度来考虑问题，以获得更深入的理解和认识。在探究和研究过程中，学生应该善于运用各种信息资源，包括图书馆、网络等，以获取更全面和深入的知识和信息。同时，学生也应该注重归纳和总结，将所学的知识和信息加以整理和梳理，以便更好地掌握和应用。例如，学生在学习我国著名化学家侯德榜发明的侯氏制碱法（1943年，中国）时，就可以通过网络多角度来了解历史上著名的其他制碱法，如路布兰制碱法（1791年，法国）和索尔维制碱法（1861年，比利时）。并将三种制碱法的原理对比如图3.1～图3.3。

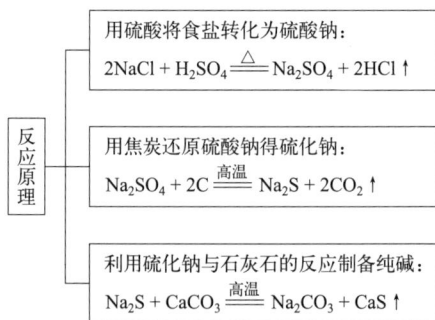

用硫酸将食盐转化为硫酸钠：
$$2NaCl + H_2SO_4 \xlongequal{\triangle} Na_2SO_4 + 2HCl\uparrow$$

用焦炭还原硫酸钠得硫化钠：
$$Na_2SO_4 + 2C \xlongequal{高温} Na_2S + 2CO_2\uparrow$$

利用硫化钠与石灰石的反应制备纯碱：
$$Na_2S + CaCO_3 \xlongequal{高温} Na_2CO_3 + CaS\uparrow$$

反应原理

图3.1 路布兰制碱法

生成碳酸氢钠和氯化铵：
$NH_3 + CO_2 + H_2O \Longrightarrow NH_4HCO_3$,
$NaCl + NH_4HCO_3 \Longrightarrow NaHCO_3\downarrow + NH_4Cl$

反应原理

制取碳酸钠：
$2NaHCO_3 \xlongequal{\triangle} Na_2CO_3 + CO_2\uparrow + H_2O$

$CaCO_3 \xlongequal{高温} CO_2\uparrow + CaO \quad CaO + H_2O \Longrightarrow Ca(OH)_2$
（原料Ⅰ）

$NaCl + NH_3 + CO_2 + H_2O \Longrightarrow NaHCO_3\downarrow + NH_4Cl$
（原料Ⅱ）

$2NaHCO_3 \xlongequal{\triangle} Na_2CO_3 + CO_2\uparrow + H_2O$
（产品）

$2NH_4Cl + Ca(OH)_2 \xlongequal{\triangle} 2NH_3\uparrow + CaCl_2 + 2H_2O$
（副产品）

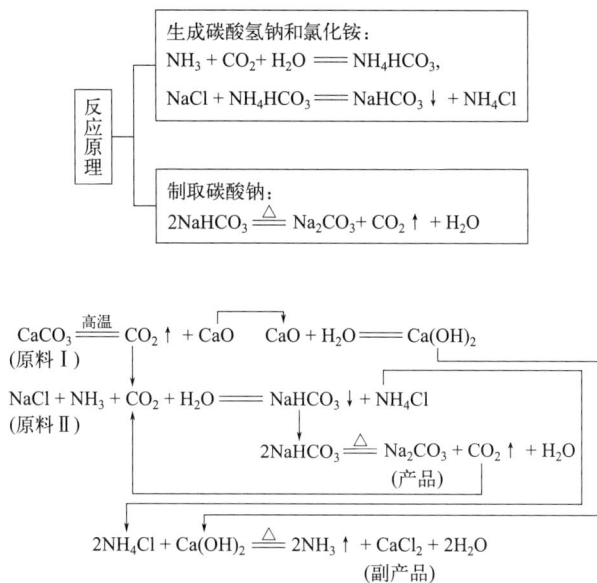

图 3.2　索尔维制碱法

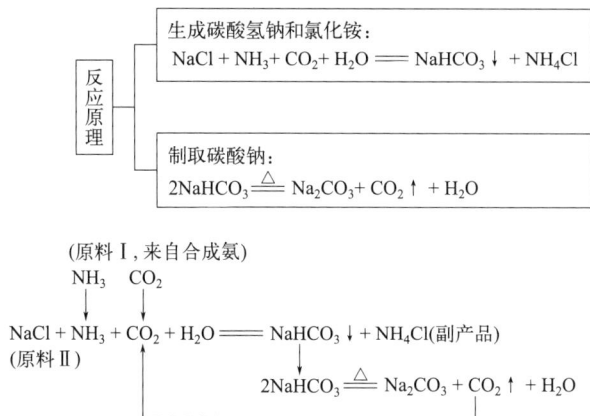

生成碳酸氢钠和氯化铵：
$NaCl + NH_3 + CO_2 + H_2O \Longrightarrow NaHCO_3\downarrow + NH_4Cl$

反应原理

制取碳酸钠：
$2NaHCO_3 \xlongequal{\triangle} Na_2CO_3 + CO_2\uparrow + H_2O$

（原料Ⅰ，来自合成氨）
$NH_3 \quad CO_2$

$NaCl + NH_3 + CO_2 + H_2O \Longrightarrow NaHCO_3\downarrow + NH_4Cl$（副产品）
（原料Ⅱ）

$2NaHCO_3 \xlongequal{\triangle} Na_2CO_3 + CO_2\uparrow + H_2O$

图 3.3　侯氏制碱法

③ 独立思考和创新。

学生应该具备独立思考和创新的能力，能够自主思考问题，并提出有价值的解决方案和策略。在思考和创新过程中，学生应该注重发现和利用自身的优势和特长，运用多种思维方法和策略，以获得更多的创新思维。

④ 有效沟通和合作。

学生应该具备有效沟通和合作的能力，能够与他人进行交流和合作，以获得更多的支持和帮助。在沟通和合作过程中，学生应该注重听取他人的意见和建议，并且能够有效表达自己的观点和想法。同时，学生也应该善于与他人协作，共同完成学习任务和项目。

⑤ 自我反思和评估。

学生应该具备自我反思和评估的能力，能够对自己的学习过程和成果进行分析和评估。在反思和评估过程中，学生应该客观地分析自己的优势和不足，并且能够根据分析结果进行改进和提高。同时，学生也应该建立反思和评估的习惯，定期检查自己的学习状况，并进行必要的调整和改进。

⑥ 保持学习动力和兴趣。

学生应该保持学习动力和兴趣，能够在学习中获得快乐和满足感。在保持学习动力和兴趣方面，学生可以采取多种方法，例如选择感兴趣的学习内容和领域，运用游戏化的学习方法，参加学习小组和社群等。

培养学生自主学习能力是教育的重要任务之一。教师和学校应该采取有效的策略和技巧，帮助学生养成自主学习的习惯和能力，以应对未来不断变化的社会和工作环境。同时，学生也应该积极参与自主学习活动，不断提高自己的学习能力和水平。

3.4 学生主动学习的评估

（1）评估的意义

评估学生的主动学习能力对于教育教学具有重要意义。首先，评估能够为教师提供了解学生学习情况的重要依据，为教师制订教学策略和教学计划提供指导。其次，评估能够激发学生的学习动力和兴趣，让学生意识到自主学习的重要性，激发学生的学习热情和积极性。此外，评估还能够帮助学生认识自己的学习情况和学习进展，帮助学生制订学习计划和学习目标，提高学生的学习效果和学习能力。评估的意义不仅体现在对学生的个体发展中，同时也对教育教学的整体发展起到了积极的推动作用。评估可以帮助教师了解自己的教学效果和教学质量，发现教学中的问题和不足，及时进行改进和调整，提高教学质量和教学效果。评估还可以为教育教学的改革和创新提供重要支持和指导，为构建高质量教育教学体系提供基础和保障。

（2）评估的内容

学生主动学习能力评估需要根据不同的评估目的和评估对象选择相应的评估方法和工具，进行科学、客观、全面的评估。评估学生的主动学习能力需要考虑以下几个方面：

① 学生自主学习的意愿和态度。

评估学生的自主学习意愿和态度可以通过问卷调查等方式进行，了解学生对自主学习的认知、态度、信念和期望，从而判断学生对自主学习的态度是否积极、是否能够有效促进学习。

② 学生的学习行为。

评估学生的学习行为需要考虑学生的学习目标、学习计划、学习时间、学习方法和学习成果等方面。可以通过观察、问卷调查、测试等方式进行评估，了解学生是否能够根据自己的学习目标和兴趣选择适合自己的学习计划和学习方法，并且能够按照计划和时间安排进行学习，最终是否能够取得满意的学习成果。

③ 学生的自我评价和反思能力。

评估学生的自我评价和反思能力需要考虑学生对自己的学习过

程和成果的认知和评价能力。可以通过问卷调查、口头询问、学生作品等方式进行评估，了解学生是否能够自我评价和反思自己的学习过程和成果，是否能够发现和总结自己的优点和不足，并且能够提出改进和完善的方案和措施。

④ 学生的合作和交流能力。

评估学生的合作和交流能力需要考虑学生在学习过程中与他人合作和交流的能力，可以通过观察、问卷调查、小组讨论等方式进行评估，了解学生是否能够与他人积极合作，分享学习资源和经验，有效地交流和协作，从而促进彼此的学习和成长。

⑤ 学生的问题解决和创新能力。

评估学生的问题解决和创新能力需要考虑学生在学习过程中面对问题时的解决能力和创新能力，可以通过观察、测试、学生作品等方式进行评估，了解学生是否能够在学习过程中主动发现和解决问题，是否能够根据自己的创新思维和想象力，提出新的想法和解决方案。

（3）常用的几种评估方法

① 观察法。

观察法是一种常用的评估方法，可以通过观察学生的学习行为和学习表现，了解学生的学习情况和学习效果。教师可以通过观察学生的课堂表现、作业完成情况、参与度等，收集评估数据，评估学生的自主学习能力。

② 测验法。

测验法是一种常用的评估方法，可以通过测验学生的知识水平和技能水平，了解学生的学习情况和学习效果。教师可以设计适当的测试题目，测验学生的知识掌握程度和技能运用能力，收集评估数据，评估学生的自主学习能力。

③ 记录法。

记录法是一种常用的评估方法，可以通过记录学生的学习情况和学习过程，了解学生的学习情况和学习效果。教师可以记录学生的作业完成情况、学习笔记、课堂表现等，收集评估数据，评估学生的自主学习能力。

④ 问卷调查法。

问卷调查法是一种常用的评估方法，可以通过问卷调查学生的学习态度、学习习惯和学习需求，了解学生的学习情况和学习效果。教师可以设计适当的问卷调查，收集学生的反馈和建议，评估学生的自主学习能力。

⑤ 学生作品评价法。

学生作品评价法是一种通过评价学生作品来了解学生学习成果和能力的评估方法，可以充分体现学生的主动学习和创新能力。学生作品可以是文本、图表、图片、视频等形式，需要评估者具备较强的专业知识和审美能力，确保评估结果具有客观性和公正性。

⑥ 口头反馈法。

口头反馈法是一种常用的评估方法，可以通过口头形式向学生反馈评估结果，让学生了解自己的学习情况和学习进展，激发学生的学习动力和热情，进一步提高学生的自主学习能力。教师可以在课堂上或个别辅导中，对学生进行口头反馈，评估学生的自主学习能力。

在选择评估方法时，需要根据评估的目的、内容和对象等因素进行选择，同时需要注意评估的准确性和有效性。不同的评估方法可以相互补充，综合使用可以更全面地评估学生的自主学习能力。

（4）评估的实施

① 制订评估计划。

评估计划是评估工作的指导性文件，包括评估的目的、对象、时间、方法、工具和评估人员等内容。制订评估计划时需要考虑到评估的具体内容和目标，确保评估的科学性和有效性。

② 确定评估方式和评估工具。

评估方式和评估工具的选择需要根据评估目标和内容进行，如问卷调查、访谈、观察、自我评估、测验等。评估工具应当具有可靠性、有效性和客观性，同时要适应被评估者的特点和实际情况。

③ 收集评估数据。

评估数据的收集应当依据评估方式和评估工具的不同而采取相应的方法，如进行调查、访谈、观察等，或者组织测验等。在收集数据的过程中，需要注意保证数据的真实性和客观性。

④ 分析评估数据。

评估数据的分析需要针对评估目标和内容进行，将收集到的数据进行归纳、整理、比较和分析，得出相应的评估结论和结果。评估数据分析应当注重量化分析和定性分析相结合，使评估结果更为科学、准确和全面。

⑤ 反馈评估结果。

评估结果的反馈应当及时、准确、客观，既要表现被评估者的优点和长处，又要指出存在的不足和问题，为被评估者提供改进的空间和机会。评估结果的反馈方式和方法应当灵活多样，包括个别会谈、小组讨论、书面反馈等形式，以满足不同被评估者的需要。评估的实施过程需要有明确的指导和管理，同时需要不断地反思和改进，使评估过程更加科学和有效，帮助学生发展自主学习的能力。

第 **4** 章

教学方案和策略

4.1 教学设计的基本原则

教学设计是教育工作者最基本的工作之一，也是保证学生学习质量的关键。作为一名高中教师，教学设计的基本原则是以下几个方面。通过这些基本原则，教育工作者可以提高教学质量，促进学生的全面发展，为学生未来的发展奠定坚实的基础。

（1）以学生为中心

整个教学过程中，教师应该将学生置于教学的中心地位，从学生的角度出发设计和实施教学活动。这种以学生为中心的教学设计理念，对于提高教学质量、促进学生的学习效果具有重要的意义。在传统的教学模式中，教师通常是教学过程的主角，学生则是被动的接受者。这种模式容易导致学生的学习兴趣降低，缺乏主动性。而以学生为中心的教学模式，则更加注重学生的主体地位，充分考虑学生的需求和兴趣，以激发学生的学习热情和主动性。教师应该为学生提供一个开放的、自由的学习环境，让学生可以自由地表达自己的观点，积极参与到教学活动中，从而提高学生的学习效果。

以学生为中心的教学模式，将学生放在教学的核心位置，教师应该结合学生的认知水平、兴趣爱好、学习风格等因素进行教学设计，以满足学生的学习需求。通过这种教学模式，学生可以更加积极地参与到学习中来，更好地掌握知识和技能。与传统的以教师为中心的教学模式相比，以学生为中心的教学模式可以更好地发挥学生的学习潜力。教育工作者应该以学生为中心，根据学生的兴趣、需求和背景制订教学计划和教学策略，并及时了解学生的学习差异，制订差异化教学计划，以满足学生个性化的学习需求。

（2）设定明确的学习目标

设定明确的学习目标能够帮助教师更好地规划教学内容和教学方法，同时也能够帮助学生更好地理解和掌握所学知识和技能，提高学习效果。在设定学习目标时，需要考虑学生的实际需求。教学目标应该与学生的实际需求和能力水平相匹配。在设定学习目标时，需要考虑学生的知识储备、思维能力、兴趣爱好等因素，以确保目标的合理性和可行性。

教学目标应该是具有可操作性的。也就是说，学生应该能够通过特定的方法和步骤实现目标。在设定学习目标时，需要考虑学生的学习水平和能力，以确保目标的可操作性和可行性。例如，在一节高中英语课上，为了帮助学生提高口语表达能力，可以设定一个学习目标，要求学生能够用英语描述自己的家乡或者一件有趣的事情。在达成这个目标时，引导学生积累相关的词汇和句式，提高语言表达的流利度和准确性。

设定明确的学习目标需要与教学内容相符。教学目标应该与教学内容的难易程度和内容层次相匹配。在设定学习目标时，需要考虑教学内容的难易程度和学生的学习能力，以确保目标的适宜性和实现性。例如，在一节高中历史课上，为了帮助学生更好地了解中国古代的经济和文化发展，可以设定一个学习目标，要求学生掌握古代中国的商品经济和货币制度，并能够分析其对中国历史的影响。

同时，在教学中，教师还需要不断地调整和修正学习目标，以适应学生的学习需求和教学环境的变化，为学生提供更好的学习体验和成长空间。教师设定明确的学习目标，以便学生知道他们要学什么，为学习制订清晰的方向。

(3) 综合使用多种教学策略

综合使用多种教学策略旨在帮助教师更好地满足学生的不同学习需求，提高教学效果，促进学生的综合发展。在实践中，教师可以采用多种教学策略，如课堂讲授、小组讨论、案例分析、角色扮演、游戏模拟、实践操作等，从而激发学生的学习兴趣和主动性，提高学生的学习效果和综合素质。

综合使用多种教学策略可以提高教学效果。教师可以根据学生的不同特点和学习需求，采用不同的教学策略，例如，对于喜欢听课的学生，可以采用讲授法，对于喜欢思考和探索的学生，可以采用探究式教学法；对于需要理论与实践相结合的学生，可以采用实践操作和案例分析等策略。通过采用多种教学策略，教师可以充分发挥学生的主动性和参与性，提高学生的学习兴趣和效果。

综合使用多种教学策略还可以促进学生的综合发展。不同的教学策略有不同的教学目标和效果，可以帮助学生获得不同的知识、技能和体验，促进学生的综合发展。例如，小组讨论可以培养学生的合作精神和团队意识，角色扮演可以锻炼学生的表达和沟通能力，情景模拟可以激发学生的创新和想象力，实践操作可以提高学生的实际操作能力。通过综合使用多种教学策略，教师可以全面促进学生的发展和综合素质提升。

最后，综合使用多种教学策略需要教师具备相应的教学能力和素质。教师需要具备多种教学策略的设计和实施能力，同时需要具备良好的教学方法和沟通能力，以便更好地满足学生的不同需求和实现教学目标。此外，教师还需要不断地反思和调整教学策略，以适应学生的学习需求和教学环境的变化，为学生提供更好的教育服务。

（4）评估学生的学习成果

评估学生的学习成果可以帮助教师了解学生的学习效果，以便进一步调整和优化教学策略，提高学生的学习效果。评估学生的学习成果需要考虑以下几个方面：

① 确定评估内容和标准。

评估学生的学习成果需要确定评估内容和标准，以便对学生的学习成果进行客观、准确的评价。评估内容应该与教学目标相对应，评估标准应该明确、具体、可操作。

② 选择评估方式和工具。

评估学生的学习成果需要选择合适的评估方式和工具，以便对学生的学习成果进行全面、多角度的评估。评估方式可以包括课堂测验、学生作业、小组讨论记录、项目报告等，评估工具可以包括评分表、评估记录等。教育工作者应该评估学生的学习成果，以确保学生已经掌握了知识和技能。评估可以包括作业、测试、演示和口头报告等方式。评估应该具有客观性、可靠性和有效性，以便教育工作者了解学生的学习情况，调整教学计划和教学策略。

③ 保证评估过程的公平、公正和客观。

评估学生的学习成果需要保证评估过程的公平、公正和客观，以便对学生的学习成果进行准确、公正的评估。评估过程应该符合教育伦理，遵守评估原则和规范，确保评估结果的可信度和有效性。

④ 给予及时和有效的反馈。

评估学生的学习成果需要给予及时和有效的反馈，以便学生了解自己的学习成果和不足之处，进一步调整和优化学习方法和策略。反馈应该具有针对性、建设性和可操作性，帮助学生发现和纠正问题，促进学生的进步和发展。

（5）鼓励学生的积极参与

积极参与课堂讨论和活动对于学生的学习和思考具有非常重要的作用。在课堂讨论中，学生可以与教育工作者和其他同学分享他们的观点和想法，了解不同的观点和看法，并从中获得启示和思考。同时，参与课堂活动也可以帮助学生更好地理解和掌握课程内容，从而提高学习效果。在鼓励学生参与课堂讨论和活动的过程中，教育工作者应该注重培养学生的问题意识和批判思维能力。教育工作者应该鼓励学生提出问题和意见，帮助他们理解和思考问题，并引导他们从不同的角度去分析和解决问题。在这个过程中，教育工作者可以采用一些启发式教学的方法，如提出开放性的问题、组织小组讨论等，来激发学生的思维能力和想象力。此外，教育工作者还应该注重培养学生的合作能力和沟通能力。在小组讨论和合作中，学生可以学习如何与他人协作，如何有效地沟通和交流，并学会尊重和理解不同观点。这些能力对于学生未来的发展和生活都非常重要。

总之，鼓励学生积极参与课堂讨论和活动是教育工作者必须要做的事情。在这个过程中，教育工作者应该注重培养学生的问题意识和批判思维能力，同时也要注重培养学生的合作能力和沟通能力。只有这样，才能让学生在课堂中获得更好的学习效果，并为未来的发展打下坚实的基础。

（6）关注学生的多元发展

教育工作者的职责不仅是传授知识，更重要的是关注学生的多元发展。在传授知识的同时，教育工作者也应该培养学生的个性、情感、品德和健康等方面。只有关注学生的全面发展，才能更好地为他们的未来奠定基础。除了课堂学习之外，课外活动、社会实践和文化体验等也是重要的学习机会。课外活动可以为学生提供开拓视野、增长知识、提高技能的机会，例如参加社团、参加学术竞赛、参加志愿活动等。社会实践可以让学生深入了解社会，感受社会的热情和文化。文化体验可以让学生了解不同的文化，拓宽学生的视野。在教育过程中，教育工作者应该与学生建立良好的关系，以便更好地了解学生的情感和需求。同时，教育工作者应该为学生创造一个积极向上、充满爱的学习环境，让学生感受到自己受到了关注和支持。在品德教育方面，教育工作者应该注重学生的道德和社会责任感的培养。在教育过程中，教育工作者应该注重培养学生的自律、自信、责任感和团队精神等品质。最后，教育工作者应该注重学生的健康发展。学生的身体健康是全面发展的前提条件，只有身体健康才能有更好的学习和生活质量。因此，教育工作者应该注重学生的身体健康，鼓励学生积极参加体育锻炼，注意饮食和作息时间的调节。

（7）不断反思和改进教学

教育工作者的职责不仅仅是传授知识，还包括提高教学质量，促进学生的学习和成长。反思和改进教学是提高教学质量的重要手段。教育工作者应该通过反思和改进教学来更好地满足学生的学习需求和社会的发展要求。

首先，教育工作者可以通过学生的学习情况进行反思和改进教学。教育工作者应该密切关注学生的学习状态，及时了解学生的学习成果和问题，找出教学中存在的问题和不足。例如，教育工作者可以通过课堂上的互动、作业、考试等方式了解学生的学习情况。针对学生的学习情况，教育工作者可以及时调整教学内容和教学方法，提供更好的学习支持和指导。

其次，教育工作者可以从教学效果方面进行反思和改进。教育工作者应该对教学效果进行评估，了解学生的学习成果和学习收获。例如，教育工作者可以通过定期测试、调查问卷等方式了解学生对教学效果的评价。针对学生的反馈，教育工作者可以对教学目标、教学内容、教学方法等进行调整和改进，提高教学效果。例如，高中化学的知识点多、乱、繁、杂，有些内容是需要学生识记的，但是很多学生在记忆这些知识点时会出现一定的困难，教师可以建议学生自己整理成如下的表格，将一些相似的、易混淆的内容和物质进行对比学习，见表4.1～表4.5。

表4.1　氧化钠和过氧化钠对比

物质	氧化钠（Na_2O）	过氧化钠（Na_2O_2）
组成结构	与 Na^+ 与 O^{2-} 构成，Na^+ 与 O^{2-} 数目比为 2：1	由 Na^+ 与 O_2^{2-} 构成，Na^+ 与 O_2^{2-} 数目比为 2：1
氧元素化合价	-2	-1
类别	碱性氧化物	过氧化物
颜色、状态	白色固体	淡黄色固体
生成条件	Na 与 O_2 在常温下反应	Na 与 O_2 在加热条件下反应
热稳定性	不稳定，易转化为 Na_2O_2	较稳定
与 H_2O 反应	$Na_2O+H_2O =\!=\!= 2NaOH$	$2Na_2O_2+2H_2O =\!=\!= 4NaOH+O_2\uparrow$
与 CO_2 反应	$Na_2O+CO_2 =\!=\!= Na_2CO_3$	$2Na_2O_2+2CO_2 =\!=\!= 2Na_2CO_3+O_2\uparrow$

表4.2　碳酸钠和碳酸氢钠对比

项目	碳酸钠（Na_2CO_3）	碳酸氢钠（$NaHCO_3$）
俗名	纯碱或苏打	小苏打
颜色、状态	白色粉末（$Na_2CO_3 \cdot 10H_2O$ 为晶体）	细小、白色粉末
溶解性	易溶于水	在水中溶解度比 Na_2CO_3 小
溶液的酸碱性	显碱性	显碱性
热稳定性	稳定，受热难分解；但结晶碳酸钠（$Na_2CO_3 \cdot 10H_2O$）易风化	不稳定，受热易分解：$2NaHCO_3 \xrightarrow{\triangle} Na_2CO_3+H_2O+CO_2\uparrow$

项目	碳酸钠（Na_2CO_3）	碳酸氢钠（$NaHCO_3$）
与酸反应（与 HCl）	$Na_2CO_3+2HCl=2NaCl+H_2O+CO_2\uparrow$	$Na_2HCO_3+HCl=NaCl+H_2O+CO_2\uparrow$ （反应速率比 Na_2CO_3 快）
与碱反应［与 Ca(OH)$_2$、NaOH］	$Na_2CO_3+Ca(OH)_2=CaCO_3\downarrow+$ $2NaOH$（Na_2CO_3 与 NaOH 不反应）	$2NaHCO_3+Ca(OH)_2=CaCO_3\downarrow+$ $Na_2CO_3+2H_2O$ $NaHCO_3+NaOH=Na_2CO_3+H_2O$
与可溶性钙盐、钡盐反应（与 CaCl$_2$、BaCl$_2$）	$Na_2CO_3+CaCl_2=CaCO_3\downarrow+2NaCl$ $Na_2CO_3+BaCl_2=BaCO_3\downarrow+2NaCl$	不反应
相互转化	$Na_2CO_3 \underset{\text{①固\ 加热，②液\ NaOH}}{\overset{CO_2+H_2O}{\rightleftharpoons}} NaHCO_3$	
用途	用于玻璃、肥皂、洗涤剂、造纸、纺织等工业	制发酵剂、灭火器、医疗上用于治疗胃酸过多

表 4.3　铁的常见化合物对比

铁的氧化物			
化学式	FeO	Fe_2O_3	Fe_3O_4
俗名	—	铁红	磁性氧化铁
颜色、状态	黑色粉末	红棕色粉末	黑色晶体（有磁性）
溶解性	难溶于水	难溶于水	难溶于水
铁的化合价	+2 价	+3 价	+2 价，+3 价
稳定性	不稳定	稳定	稳定
与 H^+ 反应的离子方程式	$FeO+2H^+=Fe^{2+}+H_2O$	$Fe_2O_3+6H^+=2Fe^{3+}+3H_2O$	$Fe_3O_4+8H^+=Fe^{2+}+2Fe^{3+}+4H_2O$
特殊转化	FeO 在空气中受热，迅速被氧化为 Fe_3O_4： $6FeO+O_2\xrightarrow{\triangle}2Fe_3O_4$		

铁的氢氧化物		
化学式	$Fe(OH)_2$	$Fe(OH)_3$
颜色、状态	白色固体	红褐色固体
与 H^+ 反应的离子方程式	$Fe(OH)_2+2H^+=Fe^{2+}+2H_2O$	$Fe(OH)_3+3H^+=Fe^{3+}+3H_2O$
受热分解	—	$2Fe(OH)_3\xrightarrow{\triangle}Fe_2O_3+3H_2O$
制法	可溶性亚铁盐与强碱溶液反应	可溶性铁盐与强碱溶液反应

表4.4 "四素"对比

项目	元素	核素	同位素	同素异形体
本质	质子数相同的一类原子的总称	质子数、中子数都一定的原子	质子数相同、中子数不同的核素	同种元素形成的不同单质
范畴	同类原子	原子	原子	单质
特性	只有种类，没有个数	化学反应中的最小微粒	化学性质几乎完全相同，物理性质不同	元素相同，性质不同
决定因素	质子数	质子数、中子数	质子数、中子数	组成元素、结构
举例	H、C、O 三种元素	$^{12}_{6}C$、$^{13}_{6}C$、$^{14}_{6}C$ 三种核素	$^{12}_{6}C$、$^{13}_{6}C$、$^{14}_{6}C$ 互为同位素	O_2 与 O_3 互为同素异形体

表4.5 常见的碳纳米材料对比

名称	结构特点	应用
富勒烯	由碳原子构成的一系列笼形分子的总称	代表物 C_{60} 开启碳纳米材料研究和应用的新时代
碳纳米管	由石墨片层卷成的管状物，具有纳米尺度的直径	用于生产复合材料、电池和传感器等
石墨烯	只有一个碳原子直径厚度的单层石墨	应用于光电器件、超级电容器、电池和复合材料等

另外，教育工作者可以从教学策略方面进行反思和改进。教育工作者应该不断探索和创新教学策略，适应学科发展趋势和学生的学习特点。例如，教育工作者可以尝试采用新的教学技术、教学手段和教学资源，如在线教学、多媒体教学、项目式学习等。教育工作者也可以在教学中引入游戏化、趣味化等元素，激发学生的学习兴趣和参与度。

最后，教育工作者应该根据学科发展趋势和社会需求进行调整和更新教学计划和教学策略。随着科技的发展和社会的进步，教育工作者应该及时更新教学内容和教学方法，以适应不断变化的教学环境和学生的学习需求。例如，教育工作者可以关注行业新技术、新概念和新知识，及时更新教学内容，使学生了解最新的知识和技术。教育和教学是一个不断改进和提高的过程。反思和改进教学应该是教育工作者日常工作的重要内容，也是教育工作者不断提高教学质量的必要手段。教育工作者还应该通过参加教师培训、参观其他学校的教学课程、交流教学经验等方式不断学习和改进教学。这些经验可以帮助教育工作者了解最新的教学技术和教学方法，并能够将这些技术和方法应用于自己的教学中，提高自己的教学质量。

(8) 着眼长远，注重可持续发展

教育工作者的职责不仅仅是教授知识，更重要的是促进学生全面发展。为了让学生在未来得到更好的发展，教育工作者需要考虑学生未来的发展需求，培养学生的创新能力、合作能力和跨文化交流能力，以适应未来社会的发展。

教育工作者应该注重培养学生的创新能力。未来社会的发展需要有更多的创新者和创业者，教育工作者应该培养学生的创新能力，鼓励学生提出创新的想法，培养学生的创新思维方式和实践能力。通过课程设置和教学策略设计，教育工作者可以激发学生的创造力和想象力，提高学生的问题解决能力，让学生在学习过程中获得实践和探索的机会。

教育工作者应该注重培养学生的合作能力。未来社会的发展需要有更多的团队合作和协作，教育工作者应该培养学生的合作意识和能力，让学生学会与他人交流和合作。通过小组讨论、合作项目等教学策略，教育工作者可以让学生在团队中分工合作，学会倾听和尊重他人的意见，培养学生的领导能力和沟通技巧。

教育工作者应该注重培养学生的跨文化交流能力。未来社会的发展会有更多的跨文化交流和合作，教育工作者应该培养学生的跨文化交流能力，让学生了解和尊重不同文化和习惯，提高学生的跨文化交际能力和语言能力。通过国际化教育和交流项目，教育工作者可以让学生了解不同的文化和社会，培养学生的全球视野和国际交流能力。

教育是一个不断发展的领域，教育工作者需要不断关注学科的发展趋势，更新自己的教学理念和教学策略。同时，教育工作者也需要关注教育制度的改革和社会的变化，适应社会需求的发展。除了注重学生的未来发展，教育工作者也应该注重教育的可持续发展，促进学科发展和教育制度改革，以适应社会的变化和发展。教育工作者应该关注学科的发展趋势，及时更新教材和教学方法，以提高教学效果和学生的学习体验。在当前社会，技术革命和全球化趋势对教育提出了新的挑战。教育工作者需要注重培养学生的创新能力、合作能力和跨文化交流能力，以适应未来的发展需求。创新能力是未来发展的核心竞争力，教育工作者应该注重培养学生的创新思维和实践能力。合作能力是团队合作和协作的能力，是未来工作和生活的必备能力，教育工作者应该注重培养学生的合作精神和协作能力。跨文化交流能力是全球化发展的必备能力，教育工作者应该注重培养学生的跨文化交流能力和全球视野。教育工作者也需要注重教育的可持续发展。教育制度的改革是教育可持续发展的关键，教育工作者应该积极参与和推动教育制度的改革。同时，教育工作者也需要注重教育的环境保护和可持续发展，通过教育引导学生关注环境保护和可持续发展的重要性，培养学生的环保意识和可持续发展意识。

4.2　教学策略和方法选择的重要性

教学策略和方法对于学生的学习成果有着直接的影响。选择合适的教学策略和方法可以促进学生的学习兴趣。学生的学习兴趣是影响他们主动学习的重要因素之一。如果教师在教学过程中只是简单地讲解知识点，而没有采用生动、有趣的教学方法，学生的学习兴趣可能会降低，从而影响他们的学习积极性。因此，教师应该选择一些生动、有趣的教学策略和方法，如游戏化教学、探究性学习、案例教学等，以激发学生的学习兴趣，从而提高学生的学习效果。其次，选择合适的教学策略和方法可以提高学生的学习效果和学习质量。不同的学生有着不同的学习风格和学习方式，教师应该根据学生的学习风格和学习方式，选择不同的教学策略和方法，以便满足不同学生的需求。例如，对于视觉型学生，教师可以采用图示教学法或多媒体教学法；对于听觉型学生，教师可以采用讲解和演示的教学方法；对于动手型学生，教师可以采用实验和实践的教学方法。最后，选择合适的教学策略和方法还可以提高教师的教学效果。教师是整个教学过程的关键人物，他们的教学效果直接影响学生的学习成果。如果教师采用的教学策略和方法不合适，可能会导致学生的学习效果下降，从而降低教师的教学效果和教学质量。因此，选择合适的教学策略和方法可以帮助教师更好地掌握课堂节奏和教学进度，提高教学效果和教学质量。

4.3　设计有效教学方案的策略

高中教师设计有效教学方案是确保学生获得有效学习成果的关键。在制订教学方案时，教师需要考虑许多因素，包括学生的需求、课程标准、学科知识和技能，以及教学资源等。

4.3.1 满足不同类型学生的学习需求

（1）了解学生的需求

了解学生的需求是教学设计中不可或缺的环节，它不仅可以帮助教师更好地了解学生的特点和需求，还可以帮助教师设计更有针对性、更多元化的教学方案和课程内容，提高教学效果和学生的学习成果。教师应该多角度地了解学生的需求。不同的学生有不同的背景、兴趣和需求，有些学生可能更适合采用听觉教学法，有些学生可能更适合采用视觉教学法，而有些学生可能更适合采用实践教学法。因此，教师需要在了解学生需求的过程中，综合考虑学生的各种特点和需求，设计出更多元化、灵活的教学方案和课程内容，以满足不同学生的需求。其次，教师应该注重细节，深入了解学生的需求。了解学生需求不仅仅是了解他们的背景、兴趣和优势，还需要关注他们的学习目标、困难和瓶颈。教师可以通过学生调查、问卷调查等方式来了解学生的需求，也可以通过和学生的交流和沟通来深入了解他们的问题和疑惑，及时为他们提供针对性的帮助和支持。最后，教师应该充分利用所掌握的学生信息，为教学方案的设计提供依据。学生的需求和特点是教学设计的重要基础，教师应该根据学生的需求和特点，提供相应的教学方法和课程内容。例如，如果学生对某个学科的兴趣不高，教师可以通过引入案例、实验等方式，提高学科的趣味性和实用性，以激发学生的兴趣和热情；如果学生对某个知识点存在误解，教师可以通过实际案例或图像等方式，帮助学生理解和掌握知识点，提高学生的学习效果。例如，关于常见有机物的转化和化学微粒的氧化性还原性就可以通过图像的方式呈现，以帮助学生理解和掌握知识点（参见图4.1，图4.2）。

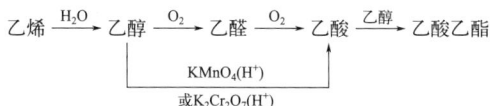

$$乙烯 \xrightarrow{H_2O} 乙醇 \xrightarrow{O_2} 乙醛 \xrightarrow{O_2} 乙酸 \xrightarrow{乙醇} 乙酸乙酯$$
$$KMnO_4(H^+)$$
$$或 K_2Cr_2O_7(H^+)$$

图 4.1　常见有机物的转化关系

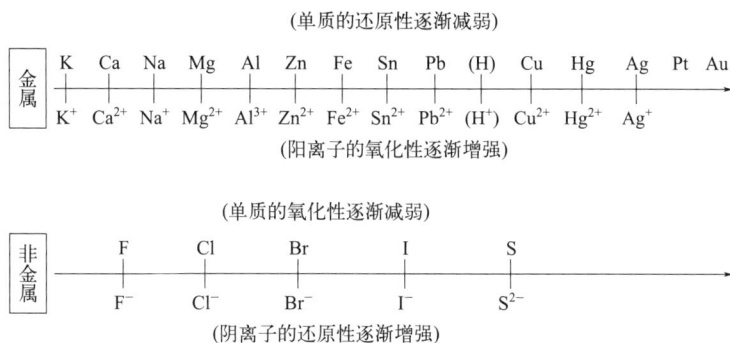

（单质的还原性逐渐减弱）

金属 K　Ca　Na　Mg　Al　Zn　Fe　Sn　Pb　(H)　Cu　Hg　Ag　Pt　Au

K^+　Ca^{2+}　Na^+　Mg^{2+}　Al^{3+}　Zn^{2+}　Fe^{2+}　Sn^{2+}　Pb^{2+}　(H^+)　Cu^{2+}　Hg^{2+}　Ag^+

（阳离子的氧化性逐渐增强）

（单质的氧化性逐渐减弱）

非金属 F　Cl　Br　I　S

F^-　Cl^-　Br^-　I^-　S^{2-}

（阴离子的还原性逐渐增强）

图 4.2　化学微粒的氧化性和还原性

教师了解学生的背景、兴趣和需求，可以通过学生调查或问卷调查来实现。了解学生的需求可以帮助教师设计适当的教学方法和课程内容。例如，如果大多数学生对化学感到困难，则教师应该在化学课程中提供更多的练习和实践机会，以帮助学生提高化学能力。

（2）明确教学目标

明确教学目标是教学设计的核心，它是教学设计的起点和终点，目标的清晰度、具体性和可测性，能够帮助教师更加有针对性地进行教学，提高教学效果和学生的学习成果。因此，在确定教学目标的过程中，教师应该注重以下几点。

首先，教学目标应该是可达成的。教学目标应该基于学生的实际水平和能力，不应该过于超出学生的范围。如果教师设定的教学目标过高，学生可能无法达到，这将导致学生产生挫败感和失望情绪，从而影响学生对学习的积极性和动力。

其次，教学目标应该是清晰、具体和可测量的。教学目标应该能够明确指导学生需要掌握的知识和技能，并且能够进行具体的测量和评估。例如，如果教师设定的教学目标是让学生掌握某个化学知识点，那么教师应该明确指导学生掌握该知识点的具体步骤和技能，并且能够进行可测量的评估，以便教师能够准确地评估学生是否达到了预期的学习成果。

最后，教学目标应该是与学生实际需求相关的。教学目标应该基于学生的实际需求和兴趣，能够满足学生的学习需求和兴趣。如果教学目标与学生实际需求不相符，那么学生可能会失去学习的动力和兴趣，从而影响学生的学习效果，教师应该明确教学目标。

4.3.2 选择适当的教学方法

在高中教学过程中，教师应该充分考虑教学目标和学生需求，从而选择合适的教学方法。因为不同的教学方法适用于不同的教学目标和学生需求，充分考虑学生的实际情况和需求，可以实现教学目标的最大化。

如果教师的目标是让学生理解复杂的概念，那么探究式学习、小组合作学习等交互式教学方法可能更为有效。交互式教学方法可以让学生在参与讨论、分享观点的过程中，发挥自身的思维能力，提高思维深度，进而加深对概念的理解。在学习化学知识时，教师可以采用探究式学习的方式，让学生通过讨论、自主探究等方式理解化学概念，从而更好地掌握化学知识。在高中化学教学中，学生需要掌握基本的化学概念和化学原理，课堂讲解和演示是最常用的教学方法之一。例如，当教师讲解电化学的知识时，可以通过绘制原电池和电解池工作原理示意图和实际演示等方式让学生更好地理解相关概念和原理。同时，教师也可以利用小组合作和个人练习等方式帮助学生巩固所学的知识和技能。例如，当教师要讲解盐类水解时，可以通过讲解、演示、练习等直接教学方法，帮助学生更好地掌握化学知识。在教授化学反应原理时，可以通过实验探究的方式，让学生亲身参与化学反应实验，从而更深入地理解化学反应的原理和过程。在教授化学计量时，可以采用问题解决的方式，让学生通过实际应用问题的解决来提高计量的理解和应用能力。同时，还可以通过课堂作业、小组讨论等方式，巩固学生的能力，提高学生的化学思维能力。如果教师的目标是让学生掌握基本技能，那么课堂讲解、演示等直接教学方法可能更为适用。直接教学方法可以让学生更快速地掌握基本技能，确保教学内容的全面性和系统性。

此外，教师还应该根据学生的需求选择合适的教学方法。例如，针对学习兴趣较低的学生，可以采用趣味性较强的教学方法，如游戏化学习、互动教学等，以激发学生的学习兴趣和动力。而针对学习困难的学生，则需要采用差异化教学方法，如个性化教学、小班教学等，以更好地满足学生的学习需求。不同的教学方法适用于不同的教学目标和学生需求。若教师的目标是让学生理解复杂的概念，那么探究式学习、小组合作学习等交互式教学方法可能更为有效；若教师的目标是让学生掌握基本技能，那么课堂讲解、演示等直接教学方法可能更为适用。

4.3.3　提供多样化的教学资源

教师应该提供多样化的教学资源，包括书籍、幻灯片、视频、在线资源等等。这些资源可以帮助学生更好地理解知识和技能，为学生带来更好的学习体验和效果。

（1）使用多种教材

教师可以使用不同的教材，包括教科书、参考书、电子书等。不同的教材可能侧重不同的知识点和表达方式，可以为学生提供更多的学习角度和思路。此外，教师也可以结合课程内容制作导学案，使学生更容易理解和掌握知识点。例如，当学生学习配制一定物质的量浓度溶液的误差分析时，可以制作如下的导学案（表4.6）。

表4.6　配制一定物质的量浓度溶液的误差分析导学案

操作步骤	引起误差的原因	对结果的影响		
		n	V	c
称量	物质、砝码位置颠倒且需要使用游码	偏小	—	偏低
	称量 NaOH 时使用滤纸	偏小	—	偏低
量取	用量筒量取浓硫酸时仰视	偏大	—	偏高
	用量筒量取浓硫酸时俯视	偏小	—	偏低
	将量取浓溶液所用量筒洗涤，并将洗涤液注入容量瓶中	偏大	—	偏高
溶解	不慎将溶液溅到烧杯外面	偏小	—	偏低
冷却、转移	未冷却至室温就转入容量瓶中	—	偏小	偏高
	转移前，容量瓶内有少量蒸馏水	—	—	无影响
	转移时有少量溶液流到容量瓶外	偏小	—	偏低
洗涤	未洗涤或只洗涤了 1 次烧杯和玻璃棒	偏小	—	偏低
定容	定容时仰视刻度线	—	偏大	偏低
	定容时俯视刻度线	—	偏小	偏高
	定容时液面超过刻度线，立即用胶头滴管吸出	偏小	—	偏低
	定容摇匀后液面低于刻度线，又加蒸馏水至刻度线	—	偏大	偏低

（2）利用多媒体资源

多媒体资源包括图片、视频、音频等，可以为学生提供更具视觉和听觉冲击力的学习体验。教师可以在课堂上使用幻灯片、视频等多媒体资源来展示相关知识点和实例，以此激发学生的学习兴趣和提高学习效果。此外，教师也可以将多媒体资源作为课后作业或研究项目的一部分，以帮助学生更深入地掌握知识。例如在讲授碳元素的晶体金刚石时，可以利用多媒体图片引入"非洲之星"的介绍，再配以音频，给学生视觉上的冲击，从而激发学生的学习兴趣。音频和图片内容如下：

全球第一大的钻石原石 The Cullinan（库里南）1905年于南非普列米尔（Premier）矿场发现，质量高达3106克拉（1克拉＝0.2克），是迄今为止发现的最大的宝石金刚石（钻石）。由于原石太大，后来经切割、打磨成许多大大小小的钻石。最大者（库里南1号，

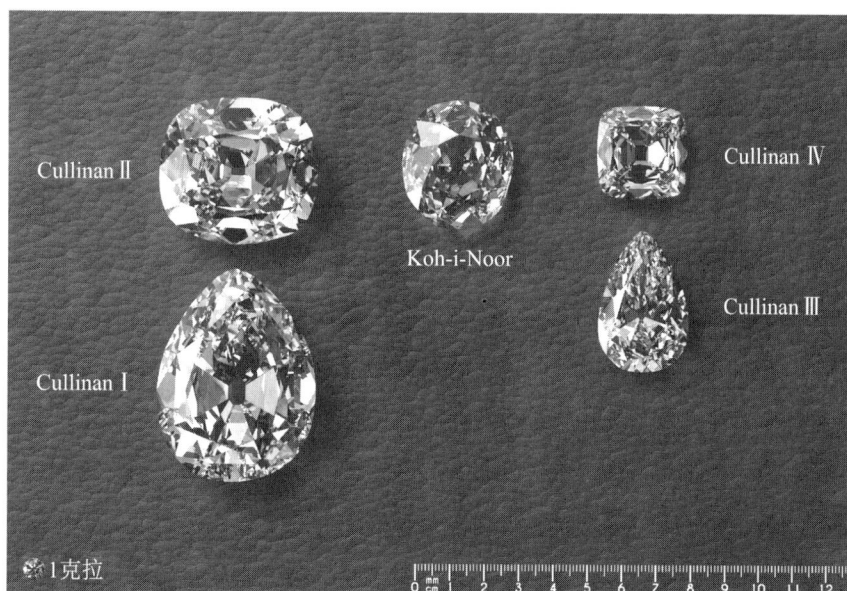

图 4.3　非洲之星
Cullinan—库里南；Koh-i-Noor—科-依-诺尔钻石

Cullinan Ⅰ）被镶嵌在英皇的权杖上，重达530.2克拉，号称"非洲之星"（图4.3，彩图参见封二）。

（3）引入案例教学

案例教学是一种通过实例来解释和说明理论知识的教学方法。教师可以引入相关案例来帮助学生更好地理解和掌握知识。案例可以来自实际生活、历史事件、科学研究等多个领域，可以让学生在真实的背景下应用所学知识，提高学生的学习兴趣和参与度。

（4）建立学科社区

教师可以建立学科社区，为学生提供一个交流和分享的平台。学科社区可以是一个在线论坛、微信群、QQ群等，让学生可以在这里分享自己的学习笔记、问题和疑虑，教师也可以在这里回答学生的问题和提供帮助。学科社区可以加强师生之间的互动，提高学生的学习效果和学科兴趣。

（5）利用实验室和实践机会

实验室和实践机会是学生学习的重要组成部分。教师可以在实验室或课外活动中为学生提供更多的实践机会，以此让学生更好地理解和掌握知识。实验室可以是化学实验室、生物实验室、物理实验室等，学生可以在实验室中进行相关实验和操作，帮助学生深刻理解相关的原理。

除了以上提到的教学资源，还可以通过实地考察、邀请专家讲座、组织社会实践等方式来提供多样化的教学资源。例如，在教授地理学时，可以组织学生到地理博物馆、自然保护区等地实地考察，让学生在现实场景中感受地理知识的应用。在教授历史学时，可以邀请历史学家来作讲座，让学生了解历史研究的最新动态和学术思考。在教授文学时，可以组织学生到文学馆、文学展览等地参观，让学生在文学作品的真实场景中感受文学之美。

4.3.4　鼓励学生积极参与

教师应该鼓励学生参与，提高学生的参与度和参与感，创造积极的学习氛围，灵活使用各种教学方法和技巧促进学生参与，促进他们的学习和思考，同时也可以帮助教师了解学生的学习进展，创造积极的学习氛围。教师可以在课堂上创造积极的学习氛围，鼓励学生积极参与课堂活动，例如通过奖励机制来激励学生参与讨论、发表见解等。

（1）常用互动教学法

使用各种互动教学法，例如小组讨论、案例分析、角色扮演、问题解决等，可以促进学生参与课堂活动，提高他们的学习兴趣和参与度。

（2）鼓励学生提问

教师应该鼓励学生在课堂上提问，激发他们的好奇心和求知欲，帮助他们更深入地理解和掌握知识。

（3）制订个性化学习计划

制定个性化的学习计划可以帮助学生更好地掌握知识，提高学生参与课堂和活动的积极性。教师可以根据学生的不同程度、学习目标和学习风格，为学生制订个性化的学习计划。

（4）采用游戏化教学

利用游戏化教学的方式可以吸引学生的兴趣，提高他们的参与度。教师可以将知识点融入到游戏中，让学生在玩游戏的同时学习知识。

（5）利用多媒体教学

利用多媒体教学可以提高学生的参与度和理解能力，具体可以使用图像、视频、音频等多媒体素材。例如，在讲解胶体的丁达尔现象（参考图4.4，彩图参见封二）时，可以提供一些精美的图像素材。

图4.4　丁达尔现象

(6) 采用分组合作学习

分组合作学习可以帮助学生共同合作解决问题，互相学习、讨论，增强学生的合作意识和团队精神。例如在学习化学知识与传统文化、STSE模块时（science 科学 technology 技术 society 社会 environment 环境四个词的首字母缩写，意思就是科学技术与社会发展、环境变化的相互关系），可以通过小组合作学习的方式，将化学与传统文化、科学、技术、社会、环境等有关的化学常识题目分小组收集整理。假设第一小组负责经典史料中的化学物质的收集与整理。整理示例如下：

经典史料中的化学物质或现象

(1)《汉书》中"高奴，有洧水，可燃"，这里的"洧水"指的是石油。

（2）《本草纲目》中"曾青涂铁，色赤如铜"，其中"曾青"是可溶性铜盐。

（3）《梦溪笔谈》中"古人以剂钢为刃，柔铁为茎干，不尔则多断折"的"剂钢"是指铁的合金。

（4）《天工开物》中有如下描述："世间丝、麻、裘、褐皆具素质"，其中的"丝、裘"主要成分是蛋白质。

（5）《易经》记载"泽中有火""上火下泽"。"泽中有火"是沼气在湖泊池沼水面上起火现象的描述。

……

这里只是做了个示范，老师可继续带领学生分小组分类完成该模块的化学常识的梳理。

（7）提供实践机会

提供实践机会可以让学生在实际操作中学习知识，增强学生的参与度和理解能力。例如，带领学生进行实验、实地考察等活动。在教授学生电解相关知识的时候，可以让学生利用电解的原理电解饱和食盐水制备家用消毒液。连接电池正极的碳棒上产生的气体是氯气（Cl_2），氯气具有刺激性气味，连接电池负极的碳棒上产生的气体是氢气（H_2）。溶液中的次氯酸钠（$NaClO$）就是84消毒液的有效成分。

4.3.5　评估学生的学习成果

评估学生的学习成果可以帮助教师了解学生的掌握情况，改进教学方法，进一步提高学生的学习效果。评估还可以帮助教师了解学生的学习进展，同时也可以帮助学生发现自己的优点和不足之处。

评估应该与教学目标相一致，并且应该是多样化的。常见的评估方法如下：

（1）测验与考试

测验和考试是评估学生学习成果的常见方法，可以测试学生对知识的理解和掌握程度。考试通常是一种形式化的评估方法，评估学生的知识、技能和能力水平，通常在学期末或学年末进行。而测验则可以在任何时间进行，包括课堂上和课堂外。测验和考试可以采用多种形式，如选择题、填空题、问答题、作文等。在评估学生学习成果时，教师应该根据教学目标和课程内容选择合适的测验和考试形式。

（2）作业评估

作业评估是评估学生学习成果的另一种常见方法。通过评估学生的作业，可以了解学生的掌握情况和学习进展，并提供反馈和指导。在评估学生作业时，教师应该关注作业的完成度、准确性和深度，可以采用打分、评级等形式进行评估。

（3）课堂参与度评估

课堂参与度评估是评估学生学习成果的另一种方法。教师可以评估学生在课堂上的参与度、提问和回答问题的能力、对讨论的贡献等。这种评估方法可以帮助教师了解学生的思考和表达能力，并激励学生积极参与课堂活动。

（4）观察评估

观察评估是一种直接观察学生行为和表现的评估方法。通过观察学生在课堂上的表现和行为，可以评估学生的学习成果和能力水平。例如，教师可以观察学生在小组合作中的表现、实验操作的技能、讲解时的表达能力等。观察评估可以帮助教师了解学生的学习特点和需求，提供个性化的指导和支持。

（5）反思评估

反思评估是一种促进学生自我反思和评估的评估方法。反思评估是一种非常有效的评估方法，可以促进学生的自我反思和自我评估。它的核心理念是让学生了解自己的学习过程和成果，以便他们能够更好地理解自己的学习需求和优缺点。

在使用反思评估时，教师可以提供给学生一些问题，以帮助他们反思自己的学习过程和成果。这些问题可能包括：

你学到了什么新知识？

你觉得自己在哪些方面做得很好？在哪些方面需要改进？

你学习过程中遇到了哪些困难？你是如何解决的？

你觉得哪些学习策略对你最有效？

通过这些问题，学生可以对自己的学习过程进行反思，评估自己的学习成果，发现自己的优势和不足，并制订改进计划。这不仅有助于提高学生的自我意识和自我管理能力，还可以促进学生的自主学习和终身学习。

此外，教师还可以通过学生作品、口头报告、小组讨论、自我评估等方式来进行反思评估。例如，在学生完成一个项目后，教师可以要求学生进行小组讨论，并评估彼此的贡献和学习成果。这样不仅可以促进学生的合作能力，还可以帮助学生更好地了解自己的学习成果和贡献。

总之，反思评估是一种非常有益的评估方法，可以帮助学生更好地了解自己的学习成果和学习需求，并促进学生的自主学习和终身学习。

4.3.6 反思教学效果

教师应该反思教学效果。反思教学效果是一种促进教师自我反思和评估的方法。教师可以通过反思来了解自己的教学效果，发现问题，并对自己的教学进行改进。反思可以帮助教师了解自己的教学方法和教学资源是否有效，同时也可以帮助教师发现需要改进的地方。反思教学效果的方法和策略如下：

（1）观察学生学习情况

教师可以通过观察学生的学习情况来评估自己的教学效果。观察学生的学习状态、反应和表现，以及学生对教学内容的掌握程度，可以帮助教师了解教学是否达到了预期的效果。

（2）收集反馈信息

教师可以通过收集学生和同事的反馈信息来了解自己的教学效果。可以利用课堂问卷、小组讨论、教师同行评估等方式来收集反馈信息，然后分析并做出相应的改进措施。

（3）自我评估

教师可以对自己的教学过程进行自我评估，找出自己的优势和不足，从而不断提升自己的教学效果。可以利用记录课堂教学过程、分析教学成果等方式来进行自我评估。

（4）反思教学设计

教师可以反思自己的教学设计，看看是否达到了预期的效果。可以回顾课程设置、教学目标、教学内容和教学方法，检查是否有必要进行改进。

（5）反思学生反馈

教师可以反思学生的反馈信息，了解学生对自己教学效果的看法。可以通过收集学生的反馈信息、课堂讨论等方式来了解学生的反馈，并根据学生的反馈进行改进。

　　反思教学效果是教师不断提高自身教育教学水平的重要方法。反思和改进是提高自己教育教学水平的有效方法。

相关教学案例

案例1
学生听课效率不高时让学生自己上讲台当老师

　　每一学期期末复习时，学生听着老师梳理一学期的知识时总是不够专注，为了取得比较好的复习效果，笔者总会尝试采用一些新的上课策略。比如，某次同学们进行了一次期末考试的考前演练。演练结束后，笔者会第一时间把试题的答案交给学生，让他们自己订正答案，充分准备，把每个题目的来龙去脉弄清楚，像每次笔者给大家讲题那样把每个选项都要讲清楚，不仅要知道该题目本身的问题，还要能够针对改题目进行相关的拓展和变式。

　　这个讲解活动全班每位同学都要参与。参与的方式是老师随机抽一位同学起来讲解。学生不知道自己将会被抽到讲哪个具体的题目，所以他们会认真准备每一道题。当然，为了防止学生认为自己在这节课上已经讲解了一个题目老师应该就不会再让讲了，笔者会打破学生的常规思维，根据实际情况，让一位同学在同一节课上多次讲题。也可能会出现A同学在讲这道题目的时候，笔者随机针对这道题目的某些问题让B同学进行补充和回答，或是对A同学的讲解进行评价。这样做的目的是为了让每一位学生都能真正参与到当前的学习活动中来，避免因为学习内容枯燥而出现走神的情况。使用这个方法时，老师一定要在关键的时刻给予指导和帮助，点拨和升华，让学生讲题不只是流于形式，而是真正让每个层次的学生都会有所收获。

让学生充当老师的角色给同学们讲题，最关键的步骤是学生自己"备课"的过程。其实让学生站上讲台讲题的目的是让他们自己理清每个问题。他们"备课"的过程就是他们的学习活动正在展开的过程。所以备课的时间一定要给足。一般笔者会采取二次备课。第一次学生自己单独对题目进行思考和批注，接下来笔者一般还会给足两节课的时间组织他们在课堂上请教其他同学，共同讨论，把自己不会的和不确定的全部弄懂。同学们都怕到讲台上讲题的时候卡住，所以在学生讨论这个环节，同学们都会很认真地向其他更优秀的同学请教，态度认真得可爱。这样讨论一两套试卷，几乎全班同学对整本书的把握都会很到位，同学们的成绩自然很优秀，也会真正做到低耗高效。

这个办法也可使用于高三高考前夕的备考。每届高三学生从5月中旬开始，笔者都会启用学生来当老师的授课策略。这倒不是为了用这个方法让学生专注。高三学生面对高考时都很认真和重视，自然课堂上会很专注。在高三后期用这个办法是为了让大家能够强强联合、携手共进。一般高三的学生在高三这一年会做大量的试题。由于他们每个人自主做的题目都不一样，笔者就会让他们分享自己做到的他认为对同学有警示作用的题目，或是他认为的好题目，或是他擅长的某个类型的题目。学生们会在课代表那儿报名自己最擅长哪个模块的题目，然后由课代表统一协调和安排。比如高考化学试卷的选修四模块"化学反应原理"综合大题由几名同学讲，每个同学都从自己的思考方式和突破方法上下手给全班同学介绍。每个同学都会毫无保留地分享自己的经验和方法，同时也会毫不避讳地呈现自己曾经栽倒的"坑"。这种备考方式，不仅能让全班同学在化学学习上共同进步，还能培养一批大气有为的青年。学生们努力拼搏，良性竞争，在刻苦学习的日子里相互扶持、相互鼓励，他们能够明白只有一群人才能走得更远。最后，同学们真的在化学科目的学习上取得了巨大的进步。他们的化学班级平均分可以高出学校年级上其他班级的平均分四十多分，这是一个班的优秀，一个都没落下的优秀。

案例2
基础弱的班级同学听懂老师讲解后自己书写笔记

现在的中小学课堂几乎每个老师都要求使用PPT进行授课。我校（崇庆中学）也不例外。笔者访谈过很多高中化学学习困难学生。他们化学学习感到困难，除了其他诸多因素外，还有一个比较共性的因素就是上课的时候没有真正理解老师讲课的内容，由于老师上课使用PPT进行授课，PPT翻页的方式比较快，不能协调好记笔记和理解内容，上课就感觉很混乱。

　　所以在日常的教学过程中，笔者会根据该班学生的基础和学习能力，结合所授课的内容，在使用PPT效果不好的时候就大胆地使用传统黑板教学。传统黑板授课强调实时的教学过程，教师可以根据学生的反应和理解情况及时调整教学内容和节奏。教师可以灵活地使用手写和图示，根据学生的需求进行解释和说明，使学生更容易理解和吸收知识。

　　传统黑板授课侧重于培养学生的思维能力和解决问题的能力。教师在黑板上进行讲解和示范时，可以展示问题的思考过程、解决方法和推理步骤，引导学生思考和分析。这种过程培养了学生的逻辑思维、批判性思维和创造性思维，使学生具备更强的问题解决能力。使用黑板进行手写和图示，可以激活学生的视觉感知和记忆效果。学生可以通过观察教师的手写过程和图示内容，更深入地理解和记忆知识点。黑板上的内容更加生动和直观，可以帮助学生形成更具体的印象。传统黑板授课还可以帮助学生集中注意力，因为教师的手写和讲解需要学生聚焦在黑板上。在传统黑板授课中，教师可以根据学生的学习情况和进度随时调整。他们可以根据学生的反馈和理解程度，调整讲解的速度、重点和示例。这种个性化的教学方法有助于满足不同学生的学习需求。当学生自己真正理解之后再用自己的方式记录下所学的内容，整理好笔记，对基础较弱一些的学生来说这是一个比较适合的方法。

　　传统黑板教学提供了一个独特的平台，能够更好地展示教师的专业功底。通过在黑板上书写和绘图，教师可以实时地向学生展示自己的知识和技能。在黑板上书写和绘图的过程中，教师可以即时地讲授知识点。他们可以通过清晰准确的讲解和演示，向学生展示复杂概念和思维过程。这种实时展示能够让学生更直观地感受到教师的专业知识和能力。教师在黑板上可以进行详细的解析和演绎，将抽象的知识点转化为具体的形象和图示。通过清晰的文字和图像，教师可以逐步解析问题，展示自己对知识的深入理解和运用。这样的解析和演绎过程能够让学生更加深入地理解和消化知识。每位教师都有自己独特的教学风格和特点。在黑板上书写和绘图的过程中，教师可以运用自己的手写、字体、线条和颜色等元素，展现个性化的教学风格。这种个性化展示不仅能够吸引学生的注意力，还能增强学生对教师的印象和认同，体现教师的专业功底和风采。传统黑板教学还能促进教师与学生之间的互动和交流。在黑板前，教师可以与学生进行面对面交流，解答学生的问题，引导学生思考和讨论。这种互动过程能够展示教师的应变能力和专业知识的广度和深度，增加学生对教师专业功底的认可和尊重。

综上所述，传统黑板教学通过实时展示知识、深入解析和演绎、个性化展示以及教师与学生的互动，更能够显示教师的专业功底。这种教学方式能够让学生更直观地感受到教师的知识水平和能力，增加学生对教师的认可。传统黑板授课具有实时性、灵活性、互动性、个性化、思维培养、视觉效果、低成本和易操作等优势。尽管现代技术的发展带来了新的教学方式，但传统黑板授课仍然在教育中发挥着重要的作用，特别是在激发学生思维、引导互动和培养解决问题能力方面具有很大的优势。在教育实践中，选择合适的教学方式应根据教学目标、学生需求和教师专业判断，综合利用各种教学工具和方法，以提供最有效的教育体验。

对于基础较弱的学生，PPT的不合理使用使得学生更加依赖幻灯片，他们会倾向于仅仅抄写和记忆幻灯片上的内容，而缺乏主动思考和独立学习的能力。这种情况下，学生很可能只是机械地记录和重复PPT中的信息，而没有真正理解和掌握知识。当教师以PPT为主要教学工具时，他们可能会以较快的速度翻页和讲解内容，为了赶上教师的进度，学生可能会焦虑地努力抄写和理解，但往往难以做到全面地听和思考。这导致了学生的学习压力和效果受到影响。所以教师在授课的过程中要根据学生的具体情况和教学的内容特点，合理使用PPT教学和传统黑板教学。

第 **5** 章

个性化教学

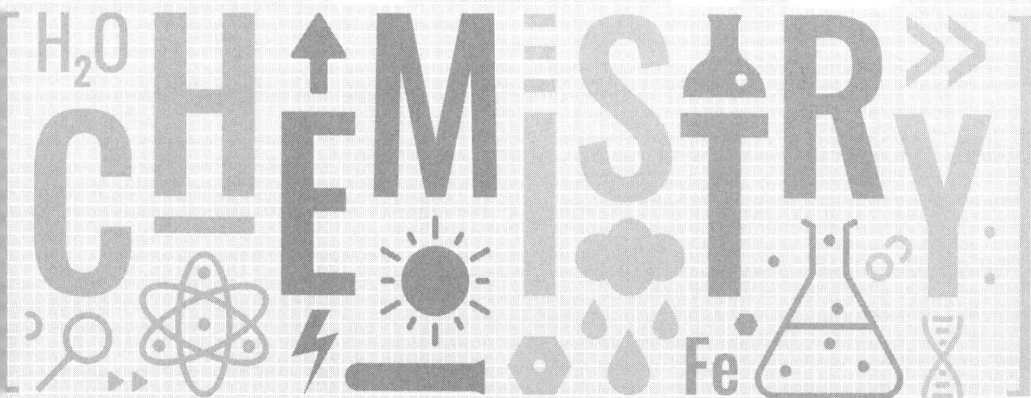

5.1 个性化教学概论

个性化教学是一种根据学生的个体差异特征、需要和兴趣，采用不同的教学策略、方法和资源，以满足每个学生不同的学习需求和发展潜能的教学模式。它强调学生的主体地位，追求学习的自主性、合作性和深层次的理解，是一种以学生为中心的教育理念。个性化教学的目的是帮助每个学生发现自己的学习优势和弱势，通过适当的教学策略和方法来实现学生的自我发展和提高学习成绩。

个性化教学的发展可以追溯到20世纪50年代，当时出现了对传统教学模式的批评和质疑，认为传统教学忽视了学生个体的差异，教师的教学目标和方法不够灵活和个性化，导致学生学习兴趣和动力的丧失。随着教育理念的不断更新和技术手段的发展，个性化教学逐渐成为一个受到广泛关注的话题。

5.1.1 个体差异理论

个体差异理论指出，每个学生都是独特的，具有不同的性格、能力、兴趣和学习风格等个体差异，这些差异会影响学生的学习效果和方式。因此，这一理论认为，每个学生天生就有不同的个体差异，如性格、能力、学习风格、学习兴趣等，这些差异需要被考虑在教学中。教师需要了解每个学生的差异，为其提供个性化的教育教学服务。

差异心理学是心理学的一个重要分支，它主要研究个体在认知、情感、行为和其他心理特征方面的差异。这些差异可以是在人群中的个体差异，也可以是不同群体之间的差异，例如性别、年龄、文化背景等。差异心理学的研究目标是了解这些差异的本质、原因和影响，以及它们在不同背景下的表现和发展。

差异心理学的发展可以追溯到 19 世纪末 20 世纪初，当时心理学开始逐渐从哲学和生物学中分离出来，成为独立的科学领域。在差异心理学的早期阶段，主要集中于测量智力和其他心理特征，并寻找个体差异的原因。然而，随着时间的推移，差异心理学逐渐扩展到更广泛的领域，涉及人格、情绪、文化、性别等多个方面的研究。

5.1.2　多元智能理论

多元智能理论是美国心理学家霍华德·加德纳于 1983 年提出的，它是指人类的智力不是单一的智力，而是由多个独立的智力因素组成，这些智力因素彼此独立，互相不影响，且在不同的人中表现出不同的强度和能力。加德纳认为，每个人都有自己独特的智力组合，这些智力类型相互作用，共同决定了每个人的思维方式、学习能力和成功潜力。加德纳将多元智能理论分为八种不同类型的智能：语言智能、逻辑数学智能、空间智能、身体运动智能、音乐智能、人际关系智能、内省智能和自然观察智能。下面是这八种智能的简要介绍：

（1）语言智能

指使用语言进行思考和表达的能力，包括语言理解、语言表达能力、语言敏感性、语言交流能力、修辞和说服能力等。语言智能认为语言在人类智能中起到重要的作用，它不仅仅是交流工具，还是思考和表达的关键能力。通过发展和培养语言智能，个体可以更好地理解和运用语言，更有效地与他人交流。

语言智能中的语言理解能力涵盖了对语言结构和语义的敏感度，以及对语言信息的理解和解读能力。具备良好的语言理解能力的人可以有效地理解口语和书面语言的含义，并能够辨别隐含的信息、推断作者意图等。

语言智能中的语言表达能力指的是个体使用语言来有效地表达思想、感情和意图的能力。这包括口头表达和书面表达两个方面。具备良好的语言表达能力的人能够运用丰富的词汇和语法知识，组织清晰的句子和段落，并能够以适当的语言风格和表达方式与他人进行沟通。

语言智能还包括对语言细节、语音、韵律和语言使用方式的敏感性。具备良好的语言敏感性的人能够察觉到语言的微妙变化，理解和运用不同的语言表达方式，并能够通过语言的节奏、声音和语气传递情感和意义。

语言智能强调了个体与他人之间的有效言语交流能力。具备良好的言语交流能力的人能够运用适当的语言和交流策略，有效地与他人进行交流，并能够倾听他人的观点和意见。

语言智能还涉及个体运用修辞手段和说服力来影响他人的能力。具备良好的修辞和说服能力的人能够运用恰当的表达方式、逻辑思维和说服技巧，以达到有效地传递信息和影响他人的目的。

(2) 逻辑数学智能

指的是解决逻辑和数学问题的能力，包括分析、推理、逻辑思考、问题解决等方面的能力。逻辑数学智能认为，逻辑和数学思维是人类智能的重要组成部分，它们在解决问题、推理、分析和评估方面起着关键的作用。通过发展和培养逻辑数学智能，个体可以提高在逻辑和数学领域的能力，并在解决问题和推理思考方面展现出优势。这种智能的培养不仅有助于个体在学术领域的成功，也对日常生活和职业发展有重要影响。

逻辑数学智能强调个体在逻辑推理方面的能力。具备良好的逻辑推理能力的人能够通过观察、分析和推理来理解问题的本质，并能够进行合乎逻辑的思考和论证。他们能够辨别逻辑上的关联和矛盾，运用逻辑规则进行推理和解决问题。

逻辑数学智能还涉及个体在数学思维方面的能力。具备良好的数学思维能力的人能够理解和应用数学概念、运算符号和数学原理，并能够运用数学方法解决问题。他们能够进行抽象思维、归纳和演绎推理，以及数学模式的建立和应用。

逻辑数学智能对于问题解决能力的培养也非常重要。具备良好的逻辑数学智能的人能够分析问题、提出解决方案，并运用逻辑和数学知识来解决问题。他们能够进行系统性的思考和规划，并运用合适的策略来解决复杂的问题。

逻辑数学智能还包括个体在分析和评估方面的能力。具备良好的逻辑数学智能的人能够对信息进行逻辑思考和分析，辨别有效的证据和推理过程，并能够评估论证的合理性和有效性。他们能够运用逻辑和数学的工具和方法来评估问题和情境。

逻辑数学智能还涉及形式推理能力，即通过运用形式逻辑系统进行推理和证明。具备良好的形式推理能力的人能够运用数学逻辑符号和规则，进行严密的逻辑推理和证明，从而建立和验证数学结论。

（3）空间智能

指感知和处理空间信息的能力，包括形状、颜色、方向、大小等方面的能力。空间智能认为，空间感知和处理能力在人类智能中起着重要的作用。通过发展和培养空间智能，个体可以更好地感知和理解空间信息，运用空间概念和技巧，解决空间问题，从而在艺术、设计、工程、科学等领域展现出优势。

空间智能强调个体在感知和观察空间信息方面的能力。具备良好的空间感知能力的人能够准确地感知和辨别物体的形状、颜色、大小、位置和方向等属性。他们能够通过观察和分析空间中的关系和模式，理解物体的空间结构和组织。

空间智能还涉及个体在空间想象方面的能力。具备良好的空间想象能力的人能够在大脑中形成和操作空间图像，并能够进行空间旋转、变换和组合。他们能够想象物体在空间中的运动和变化，以及复杂的空间关系和布局。

空间智能对于空间导航能力的培养也非常重要。具备良好的空间导航能力的人能够在空间中准确地定位、辨认方向和规划路径。他们能够利用地图、平面图和空间指示等工具来导航和解决空间导航问题。

空间智能还涉及个体在空间表达方面的能力。具备良好的空间表达能力的人能够用图形、图表、绘画和模型等方式来表达和传达空间信息。他们能够通过视觉和触觉等感官媒介，将空间概念和观点转化为可视化的形式。

（4）身体运动智能

指控制身体运动和协调动作的能力，包括精细的手指动作、协调的身体运动和灵活的反应等方面的能力。

身体运动智能强调个体在精细动作控制方面的能力。具备良好身体运动智能的人能够通过精确控制手指、手腕和其他身体部位的运动，完成需要细致操作的任务。他们能够进行精细的手工艺品制作、乐器演奏、手术操作等活动，并展现出高度的协调性和技巧。

身体运动智能还涉及个体在身体协调和灵活性方面的能力。具备良好身体运动智能的人能够协调身体各部位的运动，实现流畅而高效的身体动作。他们能够灵活应对不同的运动要求，如舞蹈、体操、体育运动等，并展现出优秀的身体表现能力。

身体运动智能强调个体在空间定位和身体感知方面的能力。具备良好身体运动智能的人能够准确感知和理解自己的身体位置、方向和姿势，以及与外部空间的关系。他们能够通过身体感觉和空间感知，进行准确的运动调整和空间导航。

身体运动智能还涉及个体在反应速度和动作准确性方面的能力。具备良好身体运动智能的人能够迅速反应并做出准确的动作。他们能够在快速变化的环境中做出及时的反应，如运动比赛中的抢球、击球运动中的反应等。

身体运动智能对于身体表达和表演能力的培养也非常重要。具备良好身体运动智能的人能够通过身体动作和姿态，表达自己的情感、意图和艺术创造。他们能够在舞台表演、舞蹈演出、体育赛事等活动中展现出出色的身体表达和表演能力，将自己的思想和情感通过身体语言传达给观众或观察者。

通过发展和培养身体运动智能，个体可以提高在精细动作控制、身体协调和灵活性、空间定位和身体感知、反应速度和动作准确性以及身体表达和表演能力等方面的能力。这对于个体的身体发展、运动技能的提升以及在体育、舞蹈、表演艺术、手工艺品制作等领域的优异表现具有重要意义。此外，身体运动智能与其他智能类型存在着密切的联系和互动。例如，在运动比赛中，个体不仅需要运用身体运动智能进行协调和精准的动作，还需要运用空间智能来分析和应对比赛场地的布局和对手的位置。同时，身体运动智能也与情感智能和人际智能相互交织，通过身体语言和动作表达自己的情感状态，与他人进行有效的非语言交流。

加德纳的身体运动智能认为，通过培养和发展身体运动智能，个体可以在身体运动控制、协调和灵活性、空间定位和感知、反应速度和动作准确性以及身体表达和表演能力等方面展现出优秀的能力，从而在各个领域取得突出的成就。

(5) 音乐智能

指感知和创造音乐的能力，包括听力、节奏感、音高、音调等方面的能力。音乐智能认为，通过培养和发展音乐智能，个体可以在音乐感知、表演、创作、记忆、情感表达等方面展现出卓越的能力，从而在音乐领域和相关领域取得出色的成就。

音乐智能强调个体对音乐的感知和鉴赏能力。具备良好音乐智能的人能够敏锐地感知音乐中的细微差别，包括音调、节奏、韵律等方面的特征。他们能够辨别不同的音乐风格、曲目和演奏技巧，欣赏和理解音乐作品的内涵和情感表达。

音乐智能还涉及个体在音乐表演和演奏方面的能力。具备良好音乐智能的人能够通过声音和乐器表达自己的情感和创造力。他们能够演奏乐器、唱歌、参与合唱团或乐团等活动，并展现出高水平的音乐技巧和表现能力。

音乐智能强调个体在音乐创作和创新方面的能力。具备良好音乐智能的人能够创作新颖而独特的音乐作品，包括作曲、编曲和改编等方面的创作活动。他们能够运用音乐元素和技巧，创造出具有个人风格和表达的音乐作品。

音乐智能还涉及个体在音乐记忆和理论知识方面的能力。具备良好音乐智能的人能够记住和重现音乐作品中的旋律、节奏和和声等元素，具备丰富的音乐记忆能力。他们还能够理解和运用音乐理论知识，包括音符、音阶、调式和和弦等方面的知识。

音乐智能强调个体在音乐情感和表达方面的能力。具备良好音乐智能的人能够通过音乐表达自己的情感状态和情感体验。他们能够通过音乐传递情感、激发共鸣感，并与他人建立情感共鸣。他们能够运用音乐元素和演奏技巧，以独特的音乐语言表达内心的情感、情绪和故事，引起听众的共鸣和情感共振。

（6）人际关系智能

指理解他人、沟通和合作的能力，包括情绪感知、人际交往、领导能力等方面的能力。通过发展和培养人际关系智能，个体可以提高在情绪感知、人际交往、领导能力、同理心、合作和团队合作等方面的能力。这对于个体社交能力的提升、人际关系的发展以及在团队工作、领导职责、人际交往等领域的成功具有重要意义。

人际关系智能强调个体对他人情绪的感知和理解能力。具备良好人际关系智能的人能够敏锐地察觉他人的情绪状态，包括表情、语调、姿态等非语言信号，从而更好地理解他人的情感和需要。

人际关系智能涉及个体在社交和人际交往方面的能力。具备良好人际关系智能的人能够与他人建立良好的关系，展现出积极的沟通和交往技巧，包括倾听、表达、协调和解决冲突等方面的能力。

人际关系智能还涉及个体在领导和影响他人方面的能力。具备良好人际关系智能的人能够有效地领导团队、激发他人的动力和潜能，并影响他人的思考和行为，实现共同的目标。

人际关系智能强调个体对他人的感受和想法的理解能力。具备良好人际关系智能的人能够运用同理心，设身处地地体会他人的情感和经历，从而更好地与他人建立连接，并展现出人际洞察力。

人际关系智能涉及个体在合作和团队合作方面的能力。具备良好人际关系智能的人能够积极参与团队活动，有效地协调和合作，共同解决问题，实现共同的目标。

(7) 内省智能

指了解自己、反思和探索自己的能力，包括情感表达、自我意识、自我控制等方面的能力。通过发展和培养内省智能，个体可以提高在情感表达、自我意识、自我反思、创造性思维、自我控制和目标导向等方面的能力。这对于个体的自我认知和自我发展具有重要意义，并可以帮助个体在个人生活、职业发展、人际关系和学习等方面取得成功。

内省智能涉及个体在情感表达和情绪管理方面的能力。具备良好内省智能的人能够准确识别和表达自己的情感，包括愉快、悲伤、愤怒等不同情绪的体验。他们也能够有效地管理自己的情绪，从而更好地应对挑战和压力。

内省智能强调个体对自己的意识和理解能力。具备良好内省智能的人能够深入思考和探索自己的价值观、信念、优点和缺点等方面，从而更好地了解自己的个性、需求和目标。

内省智能还涉及个体在自我反思和自我评估方面的能力。具备良好内省智能的人能够对自己的行为、决策和经历进行深入思考和分析，从中汲取经验教训，并进行自我评估和调整，以实现个人的成长和发展。

内省智能强调个体在创造性思维和自我表达方面的能力。具备良好内省智能的人能够在思维过程中发掘新的观点和想法，从而展现出独特的创造力和创新性。他们也能够通过艺术、写作、演讲等方式自由表达自己的思想和感受。

内省智能涉及个体在自我控制和目标导向方面的能力。具备良好内省智能的人能够有效地管理自己的行为、情绪和冲动，保持冷静和理性，并设定明确的目标和计划，迈向个人的成功和成就。

　　（8）自然观察智能

　　指观察和理解自然界的能力，包括对生命、自然环境和自然规律的理解和探索等方面的能力。通过发展和培养自然观察智能，个体可以提高在生命理解、环境感知、自然规律、自然探索和环境保护等方面的能力。

　　自然观察智能涉及个体对生命的理解和生物多样性的认识。具备良好自然观察智能的人能够观察和理解生物的结构、功能和相互关系，对不同物种的特征和适应能力有深入的认识，并意识到生物多样性的重要性。

　　自然观察智能强调个体对自然环境的感知和理解能力。具备良好自然观察智能的人能够观察和感知自然环境中的变化、关联和相互作用，了解生态系统的组成和功能，并对环境问题有敏锐的意识。

　　自然观察智能涉及个体对自然规律和科学思维的理解和掌握。具备良好自然观察智能的人能够观察和发现自然界中的规律和模式，运用科学方法进行观察、实验和推理，从中获取知识和洞察力，并理解科学在解决问题和推动社会进步中的重要性。

　　自然观察智能强调个体的自然探索和科学探究能力。具备良好自然观察智能的人喜欢探索和研究自然界，通过实地观察、实验和调查收集数据，提出问题并寻求答案，进一步丰富自己对自然的认识和理解。

　　自然观察智能涉及个体对环境保护和可持续发展的关注和行动。具备良好自然观察智能的人意识到自然资源的有限性和脆弱性，倡导环境保护和可持续发展的理念，并积极参与保护环境、促进可持续发展的行动。

　　加德纳认为，每个人的智力组合是独特的，其中每种智力类型的强度和能力都不同，这种智力组合决定了每个人的思维方式、学习能力和成功潜力。例如，一个人可能在语言智能和逻辑数学智能方面表现出色，能够轻松地理解和解决文字和数字方面的问题；而另一个人可能在身体运动智能和音乐智能方面表现出色，能够轻松地控制身体运动和创作音乐。每个人的智力组合都是独特的，因此每个人的学习方式也不同。加德纳认为，了解自己的智力组合可以帮助人们更好地发掘自己的潜力，找到适合自己的学习方式和职业发展方向。例如，一个人如果发现自己在音乐智能方面有天赋，就可以选择学习音乐或从事与音乐相关的职业。如果一个人发现自己在人际关系智能方面比较出色，就可以选择从事需要人际交往能力的职业。多元智能理论的提出对教育领域产生了深远的影响。传统的教育体系往往只注重语言智能和逻辑数学智能的培养，而忽略了其他智能类型的重要性。多元智能理论提醒人们，每个人都有自己独特的智力组合，因此在教育中需要采取多元化的教学方法，满足不同学生的学习需求。例如，对于强调空间智能的学生，教师可以采取图像、图片、视频等视觉化的教学方式；对于强调身体运动智能的学生，教师可以采取运动、手工等体验式的教学方式。这些教学方法可以更好地激发学生的学习兴趣和潜力，提高学习效果和成果。

5.1.3 基于学生的教学设计理论

基于学生的教学设计理论强调教学应该以学生为中心，注重考虑学生的需求和特点，从而设计出最适合学生的教学方案。这种理论的产生是对传统的以教师为中心的教学方式的一种反思和挑战。基于学生的教学设计理论始于20世纪60年代末期和70年代初期，在教育领域得到了广泛的应用和认可。该理论的重要代表人物包括美国教育心理学家罗伯特·加涅和杰罗姆·布鲁纳等。罗伯特·加涅提出了"层次学习理论",认为学生的学习过程是逐步深入的,需要从简单的认知过程开始,逐步转化为更复杂的认知过程。他将学习过程分为不同的阶段,每个阶段都需要特定的教学方法和策略,以帮助学生更好地掌握知识和技能。加涅强调教学设计应该基于学生的前提知识和技能,根据学生的能力和兴趣,适应不同学生的需求和水平。杰罗姆·布鲁纳则提出了"构建主义学习理论",强调学生通过自己的经验和思考来构建自己的知识体系。布鲁纳认为,学生的知识体系是在与环境交互中逐步建立的,教学应该根据学生的兴趣和需求,提供具有挑战性和启发性的任务和问题,以帮助学生积极地探索和发现新的知识和技能。布鲁纳强调,教学应该尊重学生的个性和差异,让学生主动参与到学习过程中。

基于学生的教学设计理论的实现需要教师充分了解学生的特点和需求,以制订出适合学生的教学方案。教师应该设计具有挑战性和启发性的教学任务,让学生积极参与到学习过程中,掌握自己的学习进度和学习成果。此外,教师还应该提供有针对性的反馈和指导,帮助学生更好地掌握知识和技能。随着信息技术的发展,智能化学习成为个性化教学的重要手段。智能化学习利用计算机和人工智能技术,根据学生的学习情况和反馈信息,自动调整学习内容和方式,以达到更好的教学效果。

5.1.4 学习生态理论

学习生态理论认为,学习是一种生态系统,学习者与环境之间相互影响和适应,教师需要在不同的学习环境中提供个性化的支持和指导,以促进学生的学习成长。学习生态理论最早由俄国心理学家列夫·维果茨基在20世纪20年代提出，他认为学习是一个社会化过程，是学习者和社会环境相互作用的结果。

学习生态理论提出了以学生为中心的教学模式，认为学习是一个社会文化的过程，学习环境和社会文化环境对学生的学习产生重要影响。因此，学习生态理论的重要贡献是引入了社会文化因素，使得教育者不再把教育视为孤立的、仅仅与学生有关的过程，而是将教育放在一个更广泛的社会文化环境中考虑。学习生态理论的代表人物是俄罗斯心理学家列夫·维果茨基和美国心理学家詹姆斯·莫里斯。维果茨基提出了"区间"的概念，即学生在发展过程中需要适应新的社会文化环境，因此，学习应该是与学生的社会文化环境相一致的。莫里斯则在维果茨基的基础上，提出了学习生态理论，强调学习不仅仅是个体内部的过程，而是与学生所处的环境密切相关。学习生态理论的主要观点：

(1) 学习是社会文化过程

学习生态理论认为，学习是社会文化过程，学习是在社会文化环境中进行的，个体学习的成功与否与社会环境息息相关。

(2) 学习是整体的、连续的过程

学习生态理论认为，学习不是一个孤立的事件，而是一个整体的、连续的过程。学习过程中所涉及的各种因素如个体、社会和文化等都是相互影响和作用的。

(3) 学习是主体和环境相互作用的结果

学习生态理论认为，学习是主体和环境相互作用的结果。学习的效果取决于个体和环境之间的互动和适应程度。

(4) 学习是多样化的、个体差异化的过程

学习生态理论认为，学习是多样化的、个体差异化的过程。个

体在学习过程中，因为个体差异、学习目标不同等原因，所需的支持和指导也是不同的。

（5）学习需要创造性地解决问题

学习生态理论认为，学习需要创造性地解决问题。学习过程中，个体需要通过解决问题来积累新的知识和经验，同时也需要通过解决问题来增强自身的能力和信心。

（6）学习需要合作和协作

学习生态理论认为，学习需要合作和协作。学习的过程中，个体需要与他人共同合作和协作，才能更好地完成学习任务，获得更好的学习效果。

（7）学习需要反思

学习生态理论认为，学习需要反思。个体在学习过程中需要反思自己的学习过程和结果，以便更好地发现自己的优势和劣势，及时调整学习策略，提高学习效果。

总之，学习生态理论认为，学习不仅仅是个体内部的过程，还受到个体和环境之间相互作用的影响。在学习过程中，需要考虑到多种因素，包括个体差异、文化背景、社会环境等，并根据不同个体的需求和特点提供个性化的学习支持和指导。

5.1.5　感性学习风格理论

感性学习风格理论也被称为感性经验教育理论。该理论主张人们的学习能力和学习方式受到他们的感觉倾向和体验方式的影响，因此将人们的学习风格分为三种类型：听觉型、视觉型和触觉型。听觉型学习者喜欢听，他们更容易从口头表述中获得信息，如讲座、录音、演讲、辩论等，他们善于听取语音的节奏、音调和音量，从而更容易理解和掌握口头信息。视觉型学习者喜欢看，他们更容易从图像中获得信息，如图片、图表、幻灯片等，他们善于捕捉图像中的细节和关键点，从而更容易理解和掌握图像信息。触觉型学习者喜欢感觉，他们更容易从身体体验中获得信息，如手工制作、操作实物、模拟实验等，他们善于通过实践和实验获得新的经验和知识。

然而，感性学习风格理论存在一些不足。有些研究表明，人们的感性学习风格并不是固定的，而是随着时间和经验的积累而发生变化。此外，单一的感性学习风格可能并不足以全面地描述一个人的学习方式，因为学习是一种复杂的过程，涉及多种认知和情感因素的相互作用。

5.2 个性化教学的重要性

高中阶段是学生成长发展的关键时期，教师的教学方法和教学策略对学生的学习效果和成长至关重要。采取个性化教学，针对不同学生的学习特点、认知风格和兴趣爱好，量身定制教学方案，能够提高学生的学习效果和满意度，同时促进学生的全面发展。个性化教学能够帮助教师更好地了解学生的需求和能力，提高学生的学习兴趣和参与度，提高学生的学习效果和综合素质。然而，每个学生的背景、兴趣、学习方式和能力都不同，传统的一刀切教学方式已经不能满足个性化需求。因此，高中教师应该采取个性化教学，以满足学生不同的需求。

首先，个性化教学能够帮助教师更好地了解每个学生的需求和能力。通过对每个学生的学习习惯、兴趣爱好、学科优势和劣势等方面的了解，教师可以为每个学生制订个性化的学习计划，帮助他们更好地掌握知识和技能。

其次，个性化教学能够提高学生的学习兴趣和参与度。每个学生都有自己的兴趣爱好和学习方式，如果教师能够根据学生的个性特点设计教学内容和方式，那么学生就能够更加愉快地学习，更加积极地参与课堂。

个性化教学能够提高学生的学习效果和综合素质。学生在个性化教学中能够根据自己的特点选择适合自己的学习方式，这样可以提高学习效率和质量。同时，个性化教学也能够培养学生的综合素质，包括创新能力、沟通能力、合作能力等，这些素质在学生未来的发展中也非常重要。

最后，个性化教学还能够促进学生的个人发展。每个学生都是独特的个体，教师通过个性化教学能够更好地关注学生的个人需求和发展，帮助学生树立正确的人生观和价值观，培养良好的品德和道德素养。

5.3　个性化教学的实践策略

个性化教学是一种以学生为中心的教学方式，它注重教师和学生之间的互动，尊重学生的个性特点和发展需要，针对不同学生的差异性，采用不同的教学方法和策略，以实现教学目标的最大化。高中教师在教学过程中采取个性化教学的实践策略，可以帮助学生更好地掌握知识，提高学习成绩，激发学生学习的兴趣和自信心。以下是几种高中教师采取个性化教学的实践策略：

（1）了解学生的多元智能类型

根据加德纳的多元智能理论，每个学生都有自己独特的智力类型，因此教师需要了解每个学生的多元智能类型，并根据学生的特点采用不同的教学策略和方法。教师还可以通过课堂练习、作业、考试和调查问卷等方式，全面了解学生的学习情况，包括学生的学习风格、学习习惯、学习能力、学习兴趣等，以便更好地制订个性化教学计划。通过了解学生的学习情况，教师可以根据不同学生的需求和特点，采取不同的教学策略，使教学更加有针对性和有效性。例如，如果一个学生的逻辑数学智能比较强，教师可以采用逻辑思维、分析问题等方法进行教学；如果一个学生的身体动觉智能比较强，教师可以通过活动、实践等方式进行教学。

（2）灵活运用教学策略和方法

教师应该灵活运用不同的教学策略和方法，根据学生的个性化需求和学习情况进行选择。个性化教学的另一个核心是教学内容的个性化，这涉及教师对教材的灵活应用和定制。教师可以根据学生的兴趣爱好、知识背景和能力水平等因素，有针对性地选择、调整和设计教学内容，以满足不同学生的学习需求。在实践中，教师可以采取以下策略：

① 灵活选择教学素材。

教师可以根据学生的兴趣和需求选择适当的教学素材，包括图书、文章、影片等，以激发学生的学习兴趣和积极性。如《美丽化学》24集纪录片，呈现初中和高中美到震撼的化学反应；《门捷列夫很忙》5集纪录片，以元素周期表为纲，分五大主题，通过趣味图文故事，带学生们领略化学元素的奥秘；英国BBC出品的纪录片《现代炼金术士》（The Alchemists of Our Time），这部纪录片以探索现代科学和技术领域中的创新和发现为主题。它旨在展示现代炼金术士（即科学家和研究者）在不同领域中的工作，揭示他们的探索过程、实验方法和科学成就。《现代炼金术士》通过深入研究化学、物理、生物学、工程学等领域的最新进展，向观众展示了科学家如何运用创新的思维、实验技术和科学方法来解决现实世界中的难题。纪录片着重强调科学家们的创造力和探索精神，以及他们对于推动科学进步和改善人类生活的贡献。

② 设计个性化任务。

教师可以根据学生的能力和需求设计个性化的学习任务，包括课堂练习、独立研究、小组合作等，以提高学生的学习效果和自主学习能力。对于同一个学习小组中不同层次的同学，教师也可以分配不同的任务。例如，对于学习小组里学习能力稍弱一点的同学，在进行有机化合物的学习时，就可以给他们分配梳理常见有机物的官能团的任务；在学习无机非金属材料时，就建议他们通过阅读教材，梳理三种传统无机非金属材料；归纳常见的环境问题。如表5.1～表5.3所示。

表5.1　常见官能团

类别	官能团	代表物及简式
烷烃	—	甲烷　CH_4
烯烃	$C=C$　碳碳双键	乙烯　$CH_2{=}CH_2$
炔烃	$-C{\equiv}C-$　碳碳三键	乙炔　$HC{\equiv}CH$
芳香烃	—	苯　⬡
卤代烃	$-C-X$　碳卤键（X 表示卤素原子）	溴乙烷　CH_3CH_2Br
醇	$-OH$　羟基	乙醇　CH_3CH_2OH

类别	官能团	代表物及简式
醛	$-\overset{\overset{\displaystyle O}{\|\|}}{C}-H$　醛基	乙醛　$CH_3-\overset{\overset{\displaystyle O}{\|\|}}{C}-H$
羧酸	$-\overset{\overset{\displaystyle O}{\|\|}}{C}-OH$　羧基	乙酸　$CH_3-\overset{\overset{\displaystyle O}{\|\|}}{C}-OH$
酯	$-\overset{\overset{\displaystyle O}{\|\|}}{C}-O-R$　酯基	乙酸乙酯　$CH_3-\overset{\overset{\displaystyle O}{\|\|}}{C}-O-C_2H_5$

表5.2　传统无机非金属材料

产品	原料	主要设备	主要成分	用途
陶瓷	黏土（主要成分为含水的铝硅酸盐）	—	硅酸盐	建筑材料、绝缘材料、日用器皿、卫生洁具等
玻璃（普通）	纯碱、石灰石、石英砂	玻璃窑	Na_2SiO_3、$CaSiO_3$、SiO_2	建筑材料、光学仪器、各种器皿、高强度复合材料等
水泥	石灰石、黏土、适量石膏	水泥回转窑	硅酸盐	建筑和水利工程

注：由原料和玻璃的成分及反应条件"熔融"，可知反应的化学方程式为

$$SiO_2 + Na_2CO_3 \xrightarrow{\text{高温}} Na_2SiO_3 + CO_2\uparrow,\ SiO_2 + CaCO_3 \xrightarrow{\text{高温}} CaSiO_3 + CO_2\uparrow_{\circ}$$

表5.3　常见环境问题

环境问题	主要污染物	主要危害
温室效应	CO_2	造成全球气候变暖，水位上升，陆地面积减小等
酸雨	SO_2、NO_x	土壤酸化、水源污染、建筑物被腐蚀等
臭氧层破坏	氟氯代烷、NO_x	到达地球表面的紫外线明显增多，给人类健康及生态环境带来多方面危害
光化学烟雾	碳氢化合物、NO_x	刺激人体器官，特别是人的呼吸系统，使人生病甚至死亡
白色污染	废弃塑料制品	① 在土壤中影响农作物吸收水分和养分，导致农作物减产。 ② 混入生活垃圾中难处理、难回收。 ③ 易被动物当作食物吞入，导致动物死亡
赤潮和水华	废水中含氮、磷元素的营养物质	使水体富营养化，导致水中藻类疯长，消耗水中溶解的氧，使水体变得浑浊、水质恶化
PM2.5	颗粒物	污染空气，形成雾霾天气，增加交通事故，危害人体健康

③ 创设个性化情境。

教师可以根据学生的实际情境设计教学内容，包括情境教学、案例教学、项目教学等，以帮助学生将学习与实际生活联系起来。例如：在学习铁盐和亚铁盐时，教师可以借助生活热点话题"补铁剂"作为背景，以激发学生的学习兴趣并引出主题。通过这个话题，教师可以引导学生从物质类别和元素价态的角度认识具有变价元素物质间的转化关系，并建立认知模型。同时，学生将学习使用化学符号来表征物质的变化过程，以及概括研究物质的基本思路和方法，并设计出检验物质的方案。这样的教学设计旨在促进学生进行深度学习，全面发展化学学科的核心素养。通过将学习内容与生活实际相结合，学生将能够更好地理解铁盐和亚铁盐在"补铁剂"中的应用，同时深入探究其中的化学变化和转化过程。这种学习方式不仅能够提高学生的学习兴趣和动机，还能培养学生的观察力、实验设计能力和问题解决能力。此外，通过引导学生运用化学符号和概念来描述和解释物质的变化过程，他们将建立更为牢固的化学知识结构，并能够运用这些知识解决其他相关问题。

在学习合金时，教师可以以"复兴号钢轨"为背景，引导学生讨论复兴号钢轨材料的特点。通过这个话题，学生能够归纳总结出合金中添加的合金元素的种类和含量对合金性质的影响，进而决定合金的用途。这样的学习过程培养了学生的数据解读能力、证据推理能力以及模型认知能力，这些都是化学学科核心素养的重要组成部分。通过观看合金结构的微观示意图，学生能够从微观角度准确解释合金的硬度大于其组成纯金属的原因。他们能够理解到合金中添加的元素种类和含量决定了合金的结构，进而影响了合金的性质。这样的学习过程培养了学生"宏观辨识与微观探析"的核心素养。同时，教师可以结合复兴号列车车身材料的选择，引导学生从实际生产和生活问题出发，培养他们选择合适金属材料的能力。通过了解铝合金和镁合金的性质，并预测其应用领域，可以拓展学生的视野，让他们认识到金属材料的发展对我国军事力量的提升起到了重要作用。这样的学习过程培养了学生科学精神和社会责任的核心素养。此外，这也为学生未来深入学习铝合金的性质打下了基础。

④ 引入个性化资源。

教师可以利用多种多样的资源，如网络资源、多媒体资源、实践资源等，满足不同学生的学习需求和兴趣爱好，提高教学效果和趣味性，例如，如果学生喜欢听音乐，教师可以采用音乐韵律教学法，通过音乐节奏来帮助学生记忆知识点；如果学生喜欢阅读，教师可以采用讨论式教学法，让学生自主阅读教材并参与讨论；运用多媒体技术，包括图像、动画、幻灯片等，帮助学生形象化地理解抽象的化学概念，例如，在讲解化学反应速率时，可以播放一个关于化学反应速率变化的动画，让学生更好地理解反应速率的概念和影响因素；引入实践资源，例如实验室设备、化学实验材料等，让学生亲身参与实验操作和观察现象，例如，在学习酸碱中和反应时，可以组织学生进行酸碱中和实验，让他们亲自体验反应的过程和结果，从而加深对酸碱反应的理解；了解学生的兴趣爱好，并将其融入教学中，例如，如果学生对科学与艺术有兴趣，可以引入化学与艺术的结合，讲解化学在颜料制备、染料应用等方面的应用，激发学生对化学的兴趣。

（3）设计个性化的学习任务和活动

教师应该根据学生的不同需求和兴趣，设计个性化的学习任务和活动，例如，可以根据学生的兴趣设计研究课题，让学生在实践中掌握知识和技能；可以组织学生参加项目实践活动，让学生在实践中获得经验和提升能力，例如，有些同学就是对绘画有浓厚的兴趣，所以老师在教学过程中可以积极发挥学生的优势，满足学生的兴趣，指导学生对一些学习内容采取图示呈现的方式，以提升学习效果（参见图 5.1，图 5.2）。

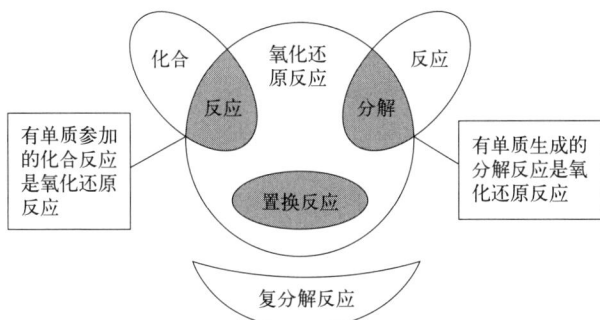

图 5.1　四种基本反应类型与氧化还原反应的关系

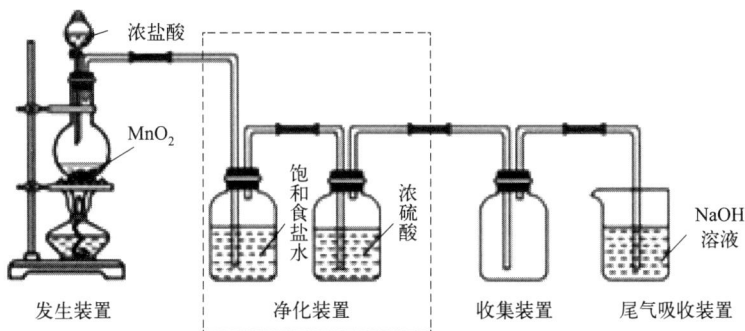

图 5.2　实验室制备纯净的氯气

［二氧化锰（软锰矿的主要成分）和浓盐酸在加热条件下反应：

$$MnO_2 + 4HCl(浓) \xrightarrow{\triangle} MnCl_2 + Cl_2\uparrow + 2H_2O］$$

（4）提供个性化的反馈和指导

个性化教学的最后一个核心是评价方式的个性化，这要求教师采用不同的评价方式来评价学生的学习成果和表现。具体策略包括：

① 多元化评价方式。

教师可以采用不同的评价方式，如口头评价、书面评价、作品评价、自我评价等，以此更全面、客观地评价学生的学习成果。这样做可以让学生在不同方面得到肯定和激励，并让教师更全面地了解学生的学习情况。

② 引导自我评价。

教师可以帮助学生建立自我评价的意识和能力，让学生更好地了解自己的学习情况，进而调整学习策略和方向。例如，教师可以要求学生定期写一份自我评价报告，让他们反思自己的学习过程和成果，提出自己的困难和需求，并在此基础上制订下一步的学习计划。

③ 关注进步和发展。

教师应该关注学生学习的进步和发展程度，而不是仅仅关注学生的分数和排名。教师可以采用进度表、学习档案等方式，让学生了解自己的学习历程和成长。例如，教师可以在学期开始时要求学生设立目标，然后在学期中间和结束时进行评估，让学生清楚地了解自己的进步和成果。

④ 个性化反馈。

教师可以针对每个学生提供个性化反馈，以帮助他们更好地了解自己的优势和劣势，改进学习策略。例如，教师可以为每个学生制订一份学习计划，并在计划执行过程中提供及时的反馈，帮助学生纠正错误和改进不足。

⑤ 参与式评价。

教师可以让学生参与评价过程，例如，让学生互相评价，让他们对自己的学习成果和表现有更全面的了解，并促进学生之间的合作和交流。

5.4　个性化教学的案例

主题　化学元素周期表

【教学对象】高一化学课程学生，包括不同程度的学习者，如高成就学生、普通水平学生、低成就学生等。

【教学目标】

① 了解元素周期表的基本构成和分类方法；

② 掌握元素周期表的元素周期性规律和周期趋势；

③ 培养学生的探究能力和实验操作能力。

【教学内容】

① 元素周期表的基本构成和分类方法；

② 元素周期表的元素周期性规律和周期趋势。

【教学策略】

为了实现个性化教学，笔者会采用以下教学策略：

① 不同层次的学生进行不同的教学，高成就学生可接受更深入和复杂的内容，而低成就学生可以更多地重视对元素周期表的基本概念和记忆。

② 采用探究式学习法，鼓励学生进行实验操作、小组讨论和问题解决，让学生发现元素周期表中元素的周期性规律和周期趋势。

③ 采用互动式授课，注重学生的参与和讨论，让学生积极思考和表达。

【教学过程】

① 课前预习：在课前，学生需要预习有关元素周期表的基本构成和分类方法的相关知识。

② 课中教学：

首先，通过简单的讲解和展示元素周期表的构成、分类和特点，让学生对元素周期表有一个初步的了解。

然后，组织学生进行实验操作，让学生通过观察元素周期表上元素的位置和特点，发现元素周期表的周期性规律和周期趋势。

其次，采用互动式授课，让学生在小组内讨论元素周期表中元素的周期性规律和周期趋势，并向全班汇报自己的研究成果。

最后，组织学生进行小结，回顾元素周期表的重点内容，并鼓励学生进行自我评价和反思。

针对高成就学生：

对于高成就学生，可以采用探究式学习的教学方法。让学生自己选择感兴趣的元素进行深入研究，然后在课堂上进行分享和讨论。同时，可以要求学生自己设计一个简单的周期表来展示元素之间的联系和规律，并在学生的讨论中指导学生加深对元素周期表的理解和应用。

针对普通水平学生：

对于普通水平学生，可以采用实验和动手操作的教学方法。设计一系列有趣的化学实验，如锂和水反应产生氢气的实验，以吸引学生的注意力。在实验的过程中，可以让学生自己进行实验，观察和记录实验结果，然后让学生根据实验结果推导出元素周期表中元素的特性和规律，以提高他们的学习兴趣和自主学习能力。

针对低成就学生：

对于低成就学生，可以采用多样化的教学策略，以帮助他们更好地掌握元素周期表的知识点。例如，可以通过多媒体教学、游戏教学、配对教学等方法来帮助学生记忆元素周期表中的元素名称和周期规律，同时采用小组合作学习的方式，引导学生进行互相讨论和交流，以提高他们的学习效果和自信心。

③ 课后作业：学生需要根据所学知识，完成有关元素周期表的相关题目和作业。在此阶段，教师可以将学生分组，每个小组选择一个化学元素，研究该元素的相关性质、应用、环境影响等，并撰写一份小组报告。为了让每个小组的学生都能充分参与，教师可以根据学生的不同程度来安排不同的任务。

高成就学生可以负责对该元素的相关性质进行更深入的研究和分析，如其原子结构、电子亲和力、电负性等，以及该元素在化学反应和材料中的应用。普通水平学生可以负责研究该元素的常见化合物及其制备方法、物理性质、化学性质等。低成就学生可以负责收集该元素在日常生活中的应用，例如医疗、环境保护、工业等方面的应用，以及该元素对环境的影响等。

在撰写小组报告的过程中，教师可以提供适当的指导和反馈，并鼓励学生在小组内展开讨论和交流，促进学生之间的合作和互动。

【教学评价】

在此阶段，教师可以采用多元化的评价方式，包括口头评价、书面评价、作品评价和自我评价等，以此更全面、客观地评价学生的学习成果。对学生的学习成果和表现进行评价，引导学生进行自我评价，让学生更好地了解自己的学习情况，如：口头报告和展示，让学生向全班展示他们的小组报告，并就相关问题进行口头回答，以检验学生对该元素的理解和掌握程度。书面报告和测试，要求学生撰写小组报告，以书面形式呈现，并进行测试以检验学生的掌握程度。自我评价和同伴评价，要求学生在小组内进行自我评价和同伴评价，以帮助学生更好地了解自己的学习情况和进步程度，并调整学习策略和方向。

【教学反思】

（1）个性化教学策略

① 针对高成就学生：

个性化学习目标：提高其对元素周期表的理解和运用能力；

个性化教学内容：更深入地探究元素周期表的相关知识，如元素周期表的排列规律、元素周期表上的各种性质等；

个性化学习方式：较高难度的练习和课堂案例，鼓励他们自主探究和解决问题；

个性化评价方式：使用更高水平的评价标准，如独立完成的研究报告和论文。

教师可以为高成就学生提供更高层次的课程内容和学习资源，如深入探讨元素周期表的历史背景、发现规律的过程和理论探讨等。同时，可以设置更高难度的作业和实验，以挑战他们的学习能力和激发他们的学习兴趣。

② 针对普通水平学生：

个性化学习目标：提高其对元素周期表的理解和运用能力；

个性化教学内容：较详细地讲解元素周期表的相关知识，如元素周期表上元素的分类、周期表的发现和历史等；

个性化学习方式：通过演示和实验等方式帮助学生理解相关知识；

个性化评价方式：使用平衡的评价标准，如小组合作完成的实验报告和口头汇报。

教师可以在授课中加入更多的实例和案例，帮助普通水平的学生理解元素周期表的构成和规律，并提供更加详细和具体的解释。在作业和测试中，可以适当降低难度，以加强他们对知识点的掌握和理解。

③ 针对低成就学生：

个性化学习目标：提高其对元素周期表基础知识的理解能力；

个性化教学内容：强调元素周期表的基础知识和相关规律，如元素的基本性质、元素周期表的排列规律等；

个性化学习方式：通过游戏和竞赛等方式激发学生的学习兴趣，让他们更加愉悦地学习；

个性化评价方式：使用简单明了的评价标准，如小测验和课堂练习。

教师可以针对低成就水平的学生的学习瓶颈，加强基础知识的教学和巩固。在授课中，可以采用更加生动有趣的教学方法，如故事叙述、图片展示等，帮助他们更好地理解和记忆元素周期表的相关知识点。在作业和测试中，可以采用更加具体和简单的问题，以确保他们能够正确回答。

（2）措施促进个性化教学

① 设计不同难度层次的课堂练习，让学生根据自己的学习程度进行选择；

② 为学生提供个性化学习资料，包括录像讲解、知识点总结、练习题目等；

③ 鼓励学生进行小组合作学习，让不同程度的学生相互促进。

（3）具体实施步骤

① 了解学生：在课程开始前，教师会通过问卷、小组讨论、个人面谈等方式了解每位学生的学习情况、学习方式、兴趣爱好等，从而了解每位学生的特点和需求。

② 制订个性化学习计划：根据学生的特点和需求，教师将课程内容分解为多个小单元，每个小单元的教学目标、内容、方式、评价

方式等都会有所不同。教师将这些小单元组合成一个个性化学习计划，并与学生和家长沟通，以确保学生和家长了解和支持这个计划。

③ 个性化授课：教师在授课过程中，根据学生的特点和需求，采用不同的教学方式和方法。例如，在讲解化学原理的时候，教师会为不同的学生提供不同的讲解方式，比如图示、比喻、实验等。在课堂讨论和实验环节，教师也会根据学生的需求和能力水平，设置不同的任务和要求，让学生能够充分发挥自己的能力。

④ 引导学生自主学习：教师在课堂上不仅要传授知识，还要引导学生主动思考和探究。在学习过程中，教师会给学生提供多种学习资源，比如教科书、电子课件、视频、实验器材等，让学生能够自主选择和掌握学习材料，从而发挥自己的优势。

⑤ 个性化评价：教师在课程结束后，根据个性化学习计划中设定的评价方式，对每位学生的学习成果进行评价。评价方式包括口头评价、书面评价、作品评价、自我评价等多种形式。在评价过程中，教师不仅关注学生的学习成绩，还关注学生的学习态度、思维方式、创新能力等方面，以全面评价学生的学习表现。

案例
个性化作业布置

（这是一次个性化作业布置的教学现场）

同学们，周末将是一个宝贵的学习时间，我希望能够为大家布置一份个性化的家庭作业，以满足各自的学习需求。根据你们的学习情况，我建议以下安排：

对于在化学学习上相对吃力的同学，我希望你们能够保质保量地完成每天三个选择题作为周末作业。这些题目将涵盖当前学习内容的关键知识点，有助于你们温习和巩固所学的化学知识。这样的学习任务相对轻松，但也能确保你们在周末都进行化学学习。通过持续的努力和积累，你们将逐渐提升对化学知识的掌握和理解，从而在学习中取得更好的成绩。

对于在班级中表现出色的优秀学生，我鼓励你们趁这两天的时间自己命题一份化学试卷作为周末作业。你们可以设计一系列深入、拓展性的问题，包括应用性和创造性的题目，以挑战自己的学习水平。这样的作业将激发大家的学习兴趣，培养你们的分析和解决问题的能力。

案例分析

在提质减负的背景下，高中化学设置个性化作业可以减轻学生的学业压力，精准满足学生的学习需求，引导他们主动学习和自主发展。这样的作业设计可以促进学生综合能力的培养和创新思维的发展，并提供个性化的评估和反馈机制。个性化作业不仅可以改善学生的学习体验，还有助于提高学习效果和成绩。通过个性化作业的实施，可以使化学学习更加有针对性、有趣味性，激发学生对化学的兴趣和探索欲望，为他们的终身学习奠定坚实的基础。

个性化作业可以避免学生面对大量机械重复的作业，减轻他们的学业压力。传统的大规模作业可能会导致学生的学习负担过重，而个性化作业则可以根据学生的实际情况和学习进度，量身定制作业任务，合理分配学习时间，避免过度地堆积作业。

个性化作业可以根据学生的学习需求和程度设计，有针对性地提供适合他们的任务和挑战。这样可以更好地满足学生的学习需求，避免学生对学习内容的盲目性和迷失感。个性化作业可以帮助学生更加专注地学习，提高学习效果和成绩。

个性化作业鼓励学生主动学习和自主发展。通过给予学生更多选择和决策的权力，他们可以根据自己的兴趣、需求和学习风格选择适合自己的作业内容。这样的设计可以培养学生的自主学习能力，激发他们的学习动力和积极性。

个性化作业可以设计成综合性的任务，鼓励学生运用多种知识和技能解决问题。这样的作业设计可以促进学生的综合能力培养，培养他们的创新思维和解决问题的能力。学生可以通过独立思考、实践探索和团队合作来完成作业，提高综合素养和能力。

个性化作业可以提供更加个性化的评估和反馈机制。教师可以根据学生的实际表现和作业完成情况，针对性地给予评价和指导。这样的评估方式更加贴近学生的实际情况，有助于学生的自我认知和进一步的学习提升。

第 **6** 章

学生评价和反馈

6.1 学生评价和反馈的相关理论

学生评价和反馈在教育学和心理学领域都有广泛的研究和理论支持。以下是一些主要代表人物的观点。

（1）卡尔·罗杰斯

卡尔·罗杰斯的理论主张教师应该从学生的角度出发，倾听他们的意见和感受，并在评价和反馈中表达尊重和接纳。他认为，教师应该建立起和学生之间的良好关系，促进学生的自我探索和发展。在教育过程中，教师应该让学生发现自己的优点和长处，以此激发他们的自信心和积极性。罗杰斯的理论在教育中的应用非常广泛，被认为是一种有效的教育方法。

（2）本杰明·布卢姆

本杰明·布卢姆提出了知识层次结构理论，该理论可以帮助教师更好地了解和评价学生的学习进程。他认为，学生的学习过程可以分为六个认知水平，包括知识、理解、应用、分析、综合和评价。教师在评价和反馈中应该针对学生所处的不同认知水平进行分析，采用不同的方法和技巧，以提高学生的学习效果。

（3）约翰·哈蒂

约翰·哈蒂的"可见学习"理论认为，教师应该帮助学生明确自己的学习目标，并为学生提供有效的反馈，以便学生了解自己的学习进展。他认为，教师应该使用各种不同的反馈方法，例如，口头反馈、书面反馈、等级反馈等，以满足不同学生的需求。同时，教师还应该注意到学生的个性差异，因为不同的学生需要不同的反馈方式。

（4）列夫·维果茨基

列夫·维果茨基的社会文化心理学理论认为，评价和反馈应该是社会化的，教师应该与学生进行积极的互动和交流，以便学生能够在社会交往中发展自己的认知能力。他强调了教师对学生的引导作用，通过提供恰当的评价和反馈，帮助学生发展自己的思维能力和学习策略。在评价和反馈中，教师应该基于学生的认知和文化背景，选择适当的方法和技巧，以满足学生的需求。

（5）爱德华·德西

爱德华·德西的自我决定理论认为，评价和反馈应该鼓励学生的自主性和内在动机，而不是仅仅强调外在奖励和惩罚。他认为，学生应该被赋予选择的权利，以便他们可以自己决定学习的内容和方式。在评价和反馈中，教师应该提供支持和鼓励，以便学生能够发现自己的内在动机，并为自己的学习目标努力奋斗。

（6）罗伯特·马扎诺

罗伯特·马扎诺提出了基于效果的反馈模型，该模型强调了评价和反馈应该与学生的学习目标相一致，并且应该基于学生的学习成果和表现。他认为，教师应该为学生提供有针对性的反馈，帮助学生了解自己的错误和弱点，并提供相应的解决方法和策略。在评价和反馈中，教师应该使用具体的、明确的语言，以便学生能够理解和应用反馈内容。

6.2　学生评价和反馈的意义和价值

当老师对学生进行评价和反馈时，不仅仅是对学生学习成果的衡量，更是老师帮助学生成长和发展的重要手段。评价和反馈是老师帮助学生发现自身长处与不足，加强自我认知的重要途径。同时，老师通过评价和反馈能够更好地了解学生的学习需求和难点，及时调整教学策略，提高教学质量。评价和反馈也可以促进学生和老师之间的沟通，建立良好的师生关系。因此，评价和反馈在教学中具有重要的意义和价值。

第一，评价和反馈能够指导学生进步。在学习过程中，学生可能会遇到一些难题，或者出现一些错误。老师通过及时的评价和反馈，可以帮助学生了解自己的错误和弱点，从而找到合适的方法和途径加以改正。同时，老师也可以在评价和反馈中给学生明确的指导和建议，帮助学生理解知识点和技能要求，从而使学生在学习中获得更好的成绩和表现。

第二，评价和反馈能够增强学生的自信心。当学生获得正面的评价和反馈时，会感到自己在学习中的努力得到了认可和肯定，这样的积极评价和反馈能够增强学生的自信心，鼓励他们更加努力地学习。而且，评价和反馈还可以激发学生对自身能力的信心和对未来的期望，从而激励他们取得更好的成绩和表现。

第三，评价和反馈能够提高教学效果。通过对学生的学习表现进行评价和反馈，老师能够了解学生的学习情况和需求，进而调整教学策略和方法，提高教学效果。这可以促进学生更好地掌握知识和技能，从而更好地完成学习任务。同时，老师还可以根据学生的评价和反馈进行自我反思和调整，提高教学质量，使教学更加适应学生的需求。

第四，评价和反馈可以促进学生与老师之间的沟通。在评价和反馈的过程中，老师可以与学生进行交流，了解学生的学习情况和困难，从而建立良好的师生关系。通过及时的反馈和指导，学生也会更愿意与老师交流，向老师请教问题，从而帮助老师更好地了解学生的需求和难点。这种双向的沟通可以促进师生之间的信任和理解，让学生更加愿意接受老师的指导和建议。

第五，评价和反馈也可以培养学生的自我评价和反思能力。在学生接受评价和反馈的同时，也应该让他们学会自我评价和反思。学生应该通过自我评价和反思，了解自己的学习成果和不足之处，从而找到提高的方法和途径。这种自我评价和反思的能力可以帮助学生在学习和生活中更好地理解自己的需求和目标，从而更好地完成学习任务和实现自身价值。

高中老师，应该注重对学生的评价和反馈，并且在评价和反馈中注重发现学生的优点和潜力，让学生在学习和成长中得到更好的指导和帮助。

6.3　学生学习评价和反馈方法

6.3.1　过程性评价和反馈

过程性评价和反馈是教育领域中的一个重要概念，它强调了教育评价的过程性和反馈性质，帮助学生在学习过程中发现自己的优势和不足，及时纠正和改进，以提高学习效果。在过程性评价和反馈中，教师通过课堂讨论、小组活动、个人作业、学习日志、口头反馈等形式，持续地观察、评估和反馈学生的学习过程，以便帮助学生更好地理解和掌握所学知识，达到更好的学习效果。

过程性评价和反馈的重要性在于它不仅强调了学生的学习成果，更注重学生的学习过程，帮助学生更全面地了解自己的学习情况，包括自己的优点和不足之处。通过过程性评价和反馈，学生可以及时发现自己的问题和困难，及时调整和改进学习策略，提高学习效果。同时，过程性评价和反馈也有助于培养学生的自我评价和自我管理能力，让他们更好地认识自己，掌握自己的学习进度和方向，从而更好地实现自我发展。

针对过程性评价和反馈的实施，教师需要注意以下几点：

（1）及时反馈

过程性评价和反馈的核心在于及时的反馈。在教育教学中，及时反馈是一个非常重要的环节，它可以帮助学生更好地了解自己的学习情况，及时纠正和改进自己的学习策略，提高学习效果。在过程性评价和反馈中，及时反馈尤为重要，因为它能够让学生在学习过程中得到实时的指导和支持，避免学生在学习过程中出现错误或偏差，从而更好地实现学习目标。

首先，及时反馈可以让学生更全面地了解自己的学习情况。在学习过程中，学生可能会出现各种各样的问题和困难，如果教师不能及时给予反馈，学生就难以及时纠正和改进自己的学习策略。反之，如果教师能够及时给予反馈，学生就能够更全面地了解自己的学习情况，及时发现自己的问题和困难，从而更好地调整和改进自己的学习策略。

其次，及时反馈可以帮助学生更好地实现自我发展。在学习过程中，学生需要得到指导和支持，才能够更好地实现自我发展。如果教师不能及时给予反馈，学生就可能会失去方向，无法实现自我发展。反之，如果教师能够及时给予反馈，学生就能够更好地实现自我发展，发挥自己的潜力，从而更好地实现学习目标。

最后，及时反馈可以提高学生的学习效果。在学习过程中，学生需要及时纠正和改进自己的学习策略，才能够更好地提高学习效果。如果教师不能及时给予反馈，学生就难以及时纠正和改进自己的学习策略，从而影响学习效果。反之，如果教师能够及时给予反馈，学生就能够及时纠正和改进自己的学习策略，提高学习效果，更好地实现学习目标。

（2）具体明确

教师的反馈应该具体明确，不能笼统和含糊不清。在教育教学中，反馈是一种重要的教学策略，通过给予学生具体、明确的反馈，可以帮助他们更好地了解自己的学习情况，及时发现自己的问题和困难，从而更好地调整和改进学习策略。在过程性评价和反馈中，具体明确的反馈尤为重要，因为它能够让学生更准确地了解自己的学习情况，从而更好地实现学习目标。

具体明确的反馈可以让学生更好地了解自己的学习情况。在学习过程中，学生需要了解自己的学习情况，才能够更好地调整和改进自己的学习策略。如果教师给予的反馈过于笼统或含糊不清，学生就难以准确地了解自己的学习情况，也就难以针对性地改进自己的学习策略。反之，如果教师能够给予具体明确的反馈，学生就能够更好地了解自己的学习情况，及时发现自己的问题和困难，从而更好地调整和改进自己的学习策略。

具体明确的反馈可以帮助学生更好地理解和掌握学习内容。在学习过程中，学生需要理解和掌握学习内容，才能够更好地完成作业和考试。如果教师给予的反馈过于笼统或含糊不清，学生就难以准确地理解和掌握学习内容，也就难以完成作业和考试。反之，如果教师能够给予具体明确的反馈，学生就能够更好地理解和掌握学习内容，更好地完成作业和考试。

具体明确的反馈可以提高学生的学习效果。在学习过程中，学生需要不断地调整和改进自己的学习策略，才能够更好地提高学习效果。如果教师给予的反馈过于笼统或含糊不清，学生就难以准确地了解自己的学习情况，也就难以针对性地改进自己的学习策略，从而影响学习效果。

（3）多样化

过程性评价和反馈的形式应该多样化，这可以让学生从不同角度了解自己的学习情况，并且能够更好地发现自己的问题和困难，提高学习效果和全面发展。在教学中，教师可以采用以下多种形式来进行过程性评价和反馈：

首先，课堂讨论和小组活动是常见的教学形式，这些形式可以促进学生与教师和同学的互动，从而让学生从不同的角度来思考问题和学习内容。在课堂讨论和小组活动中，教师可以观察学生的表现和参与情况，及时给予反馈和指导，帮助学生更好地掌握知识和技能。

其次，个人作业是学生独立完成的，可以帮助学生在实践中掌握知识和技能，并且让教师更好地了解学生的学习情况。在批改作业时，教师可以给予具体明确的反馈，指出学生做得好的地方、哪些地方需要改进、哪些地方需要注意等，让学生更好地了解自己的学习情况。

再次，学习日志是学生记录学习过程和感悟的工具，可以让学生更好地反思自己的学习方式和效果，及时调整和改进学习策略。在学习日志中，学生可以记录自己学习过程中的问题和困难，思考解决方案，并且可以反思自己的学习策略，如何更好地利用时间和资源进行学习。教师可以定期查看学生的学习日志，给予具体的反馈和建议，帮助学生更好地进行学习。

最后，口头反馈是及时纠正学生错误和不足的重要方式。它具有及时性强、有感情、有互动、灵活性等诸多优点，可以帮助学生更好地了解自己的学习情况，及时纠正错误和改进不足，提高学习效果。因此，教师在教学中应该积极采用口头反馈的方式，让学生更好地参与到学习中来，实现学生和教师之间的良性互动和沟通。在课堂上，教师可以及时给予学生口头反馈，指出学生做得好的地方和需要改进的地方，帮助学生更好地了解自己的学习情况，并及时进行调整和改进。口头反馈是教师在教学过程中给予学生的即时、有针对性的评价和指导，它是促进学生学习成长的重要方式之一。与其他形式的评价相比，口头反馈及时性强。在课堂上，教师可以通过观察学生的表现和反应，及时地给予学生反馈，帮助学生纠正错误和改进不足。这种及时性可以让学生更好地掌握自己的学习情况，及时调整和改进学习策略。口头反馈有感情，在口头反馈中，教师可以通过语言的表达方式和语气，传递出自己的关心和支持，让学生感受到教师的温暖和鼓励。这种感情上的关注和支持，可以让学生更有动力和信心去面对学习中的困难和挑战。口头反馈有互动，在口头反馈中，学生可以和教师进行互动，可以就自己的问题和困难与教师进行交流和讨论，从而更好地理解和掌握知识。这种互动形式不仅可以增强师生之间的沟通和交流，也可以让学生更积极地参与到学习中来。

口头反馈也具有一定的灵活性。教师可以根据学生的表现和需要，灵活地选择反馈的形式和方式。比如，在某些情况下，教师可以通过点名、提问等方式进行口头反馈；在另一些情况下，教师可以通过讨论、解释等方式进行反馈。这种灵活性可以让教师更好地根据学生的实际情况进行反馈，更好地促进学生的学习成长。

（4）鼓励自我评价

教师应该鼓励学生自我评价，培养他们的自我认知和自我管理能力。自我评价是指学生对自己的学习过程和成果进行评价，通过自我反思和自我管理来提高学习效果。自我评价不仅能够帮助学生了解自己的学习情况，还能够提高他们的自我认知和自我管理能力，培养他们的学习能力和自主学习能力。

教师可以要求学生在学习日志中记录自己的学习过程和体会。学生可以在学习日志中反思自己的学习过程，包括学习的时间、学习的内容、学习的方法等等，通过自我评价，找出自己的学习优势和不足，并制订改进计划。学生还可以在学习日志中记录自己的学习体会和感悟，这有助于他们对学习的深层次理解和领悟，提高学习的内在动力和自主性。

教师应该在学习日志中给予学生及时的反馈和指导，帮助学生发现自己的问题和困难，并提供有效的改进建议。在学习日志中，教师可以给学生提出一些问题和思考点，引导学生深入思考和自我评价。教师还可以在学习日志中给予学生一些关键词和指示，帮助学生更好地记录和反思自己的学习过程和体会。

除了学习日志，教师还可以在小组讨论、项目合作等活动中鼓励学生自我评价。在小组讨论中，教师可以要求每个学生在讨论结束后评价自己在讨论中的表现，包括表达是否充分、是否能够有效地与他人合作、是否能够听取他人意见等。在项目合作中，教师可以要求学生在完成任务后对自己的表现进行评价，包括对任务的理解程度、分工是否合理、时间管理是否得当等方面。通过这些自我评价，学生可以更好地认识自己在团队合作中的优势和不足，为今后的合作提供更好的基础。

总之，鼓励学生自我评价是过程性评价和反馈中不可或缺的一环。通过自我评价，学生可以更好地了解自己的学习情况，提高自我认知和自我管理能力，为今后的学习和生活打下更好的基础。同时，教师也需要注重自我评价的过程和结果，给予学生足够的支持和指导，帮助他们正确地认识自己的优势和不足，并提出有效的改进计划。

此外，教师在鼓励学生自我评价时也需要注意一些细节。首先，教师应该给予学生足够的时间和空间，让他们充分思考和反思自己的学习情况。其次，教师应该给予学生充分的支持和指导，帮助他们正确地认识自己的优势和不足，并提出有效的改进计划。最后，教师还应该注重学生自我评价的过程和结果，及时给予他们肯定和鼓励，同时帮助他们发现和解决存在的问题。自我评价的一个重要优点是培养了学生的自我认知和自我管理能力。自我认知是指学生对自己的认知和理解，包括自己的兴趣、特长、优势、不足等方面。通过自我评价，学生可以更加清楚地认识自己，发现自己的潜力和局限性。自我管理是指学生通过自我评价和反思来规划和管理自己的学习，包括学习计划的制订、学习方法的选择和调整。

（5）给予正面激励

首先，教师应该深刻认识到正面激励的重要性。正面激励不仅可以激发学生的学习兴趣和积极性，更能够对学生的情感和人格的发展产生深远影响。当学生取得好成绩时，教师的赞扬和肯定不仅仅是简单的奖励，更是对学生优点和能力的认可，是对学生自尊和自信心的支持，是对学生积极向上的价值观的塑造。正面激励可以帮助学生更加深入地理解自己的优势和成绩，让他们意识到自己的潜能和能力，进而更加自信地应对学习中的挑战和困难。除了及时给予肯定和赞扬外，教师还可以通过其他方式来实现正面激励。比如，教师可以设计一些有趣的竞赛和活动，让学生在愉快的氛围中体验学习的乐趣，进而激发他们的学习热情和积极性。教师还可以在课堂上鼓励学生积极发言，表扬他们的优秀表现，让他们感受到自己的价值和作用。需要注意的是，正面激励并不是一味地夸奖和讨好，也不是简单地把学生的成绩和能力包装成优秀。教师应该在给予正面激励的同时，给学生提供具体的改进意见和建议，帮助他们进一步完善自己的能力和技能。正面激励需要与实际情况相结合，不能盲目地夸大和夸张学生的优点和成绩，否则会对学生的发展产生负面影响。

其次，正面激励应该针对学生的具体情况。教师需要了解每个学生的优点和擅长的领域，以便给予个性化的肯定和赞扬。如果教师能够准确地分析学生的学习表现和进步情况，对学生的鼓励就更有针对性和实效性。例如，对于一个语言学习方面比较弱的学生，教师可以在他取得进步时，通过适当的鼓励和赞扬来增强他的学习信心，同时提供相应的支持和指导，以帮助他更好地提高语言水平。这样的正面激励可以让学生更加明确自己的优势和潜力，可以帮助学生更好地发掘自己的潜力和长处，增强他们的自信心和学习动力，从而更好地发挥自己的长处，实现更大的成就。

再次，教师还应该注意鼓励那些表现欠优的学生。这些学生可能因为自身的原因或者其他因素，导致学习成绩不理想，容易有挫折感，陷入焦虑情绪。这时，教师应该给予他们更多的关注和关怀，鼓励他们坚持学习和努力。同时，教师还可以帮助他们找到自己的学习方法和策略，摆脱不利的学习因素。例如，对于学习成绩不理想的学生，教师可以给予他们更多的指导和支持，帮助他们摆脱挫折感和焦虑情绪，从而更好地调整学习策略和方法。

同时，教师还可以采取多种方式进行正面激励。例如，可以通过班级公示、表扬信、奖励等方式，让学生感受到肯定和赞扬。同时，教师还可以通过与学生的互动交流，表达对他们的认可和支持，激发学生的积极性和热情。当然，教师的赞扬和肯定应该真诚和客观，不能虚假和过度，否则会产生相反的效果。除了给予针对性的正面激励，教师还可以通过多种形式来鼓励学生。例如，可以设置竞赛或比赛，让学生有机会展示自己的优点和才华，并从中获得肯定和认可。同时，教师还可以通过授予奖励或特殊待遇来激励学生。这些奖励不一定需要是物质奖励，也可以是表彰或荣誉，例如在班级或学校内设立荣誉榜，让表现优秀的学生得到展示和鼓励。这些正面激励可以激发学生的学习兴趣和动力，让他们更有热情地投入学习。

此外，教师还应该注意在正面激励的过程中避免过分强调成绩和排名。过分追求成绩和排名可能会让学生产生压力和焦虑情绪，影响他们的学习兴趣和积极性。因此，教师在给予正面激励时，应该注重学生的学习过程和个人成长，注重学生的个性差异和潜力发掘，而不是过分追求成绩和排名。

最后，正面激励应该贯穿于整个教育教学过程中。教师应该在课堂教学、作业评价、考试测试等各个环节中给予学生正面激励，让学生感受到持续的认可和支持。这样可以培养学生的自信心和积极性，激发他们更大的学习潜力和动力。过程性评价和反馈应该以正面激励为主，帮助学生更好地认识自己的优点和成绩，增强自信心，从而更好地应对挑战和困难。

6.3.2 结果性评价和反馈

评价和反馈的质量直接关系到学生的学习成效和教育教学的质量。结果性评价和反馈的目的是帮助学生认识自己的学习成果和进步程度，鼓励他们继续努力，同时也是教师改进教学方法和提高教育质量的重要手段。

结果性评价包括考试、测试、作业、论文等方式，通常以分数和等级形式反映学生的学习成果。这些评价方式虽然有很强的客观性，但也有其局限性。比如，它不能充分反映学生的学习过程，不能准确地评价学生的学习态度和学习能力，不能充分发挥教育教学的作用。

在进行结果性评价和反馈时，教师应该注意以下几点：

首先，评价和反馈应该具有客观性和准确性。教师应该充分了解学科知识和教育教学要求，确保评价和反馈的准确性和客观性。评价和反馈应该基于实际的学习成果和学习过程，不能主观臆断或武断评价。

其次，评价和反馈应该具有可操作性和针对性。教师应该根据学生的实际情况和需求，给出具体的建议和措施。评价和反馈应该能够引导学生针对性地改进学习方法和策略，提高学习效果。

最后，评价和反馈应该具有及时性和连续性。评价和反馈应该及时给出，不能拖延。这可以让学生在学习过程中及时了解自己的成绩和进步情况，及时纠正错误和改进不足之处。同时，评价和反馈应该是连续性的，不应该只在某个时间点进行一次，而应该贯穿整个学习过程。这样可以让学生不断了解自己的学习状态和进步情况，及时调整学习策略和方法，从而实现更好的学习效果。

具体来说，评价和反馈应该包括以下几个方面：

（1）及时性

评价和反馈应该在学习过程中及时给出。如果评价和反馈拖延太久，学生可能已经忘记了学习过程中的具体细节，或者已经习惯了错误的做法，难以纠正错误和改进不足。因此，教师应该尽可能及时地对学生的学习情况进行评价和反馈，及时纠正错误和指导学习。及时的评价可以让学生及时了解自己的学习成绩，对学生来说是一种及时的反馈和激励。学生可以在及时了解自己的成绩之后对自己的学习状态进行调整和反思，及时发现自己的问题并加以改进。其次，及时的评价可以让学生在学习中保持动力和积极性。如果学生没有及时了解自己的成绩，可能会对自己的学习状态失去信心，甚至会失去学习的兴趣和动力。最后，及时的评价还可以让教师更好地掌握学生的学习状态，及时进行调整和帮助。

另外，及时的评价也有利于教师的教学反思和改进。教师可以及时了解学生的学习情况和成绩，发现自己的教学不足之处并及时改进，从而提高教学质量。而如果评价和反馈不及时，可能会导致教师错过一些教学改进的时机，错失了更好的教学效果。

（2）连续性

结果性评价的连续性是指教师应该在一段时间内对学生进行多次评价和反馈，以便更好地了解学生的学习情况，及时调整教学策略和帮助学生改进学习方法，达到更好的学习效果。首先，连续性评价和反馈可以让教师更全面地了解学生的学习情况。学生的学习过程是一个动态的过程，仅仅依靠一次评价难以全面地了解学生的学习状况。如果教师能够持续地对学生进行评价和反馈，就可以更加全面地了解学生在学习中存在的问题和困难，从而更好地帮助学生克服困难，提高学习效果。其次，连续性评价和反馈可以帮助教师及时发现学生的进步和不足。如果教师只进行一次评价和反馈，可能会漏掉学生的进步和不足之处，而如果连续进行评价和反馈，教师可以及时发现学生的进步和不足之处，并及时给予学生肯定和帮助，让学生更好地发挥自己的潜力。最后，连续性评价和反馈可以增强学生的学习动力和自信心。学生会感受到教师的关注和支持，从而更有信心地面对学习中的挑战和困难。如果教师只进行一次评价和反馈，学生可能会认为教师不够关注自己的学习，导致学习动力下降，而连续性评价和反馈可以让学生更加认可教师的评价和建议，从而更加积极地投入到学习中。评价和反馈应该贯穿整个学习过程。教师应该定期对学生的学习情况进行评价和反馈，了解学生的学习状态和进步情况，及时调整学习策略和方法。评价和反馈应该不断地给学生正面激励，让他们在学习中保持积极性和动力。

（3）具体性

结果性评价的具体性指评价的内容应该是具体、明确、清晰的。评价内容应该反映出学生在具体任务或项目中的表现和成果，而不是简单地表述好坏或成败。具体性的评价不仅可以让学生更好地了解自己的优劣势，也可以帮助教师更好地指导学生，提高教学效果。在进行结果性评价时，应该注重描述性的语言和量化的数据。对于学生的成绩和表现，应该采用准确、具体的描述性语言，避免过于模糊或抽象的描述。同时，也应该尽可能地使用量化数据来衡量学生的表现，如考试分数、作业得分、项目完成率等。这样可以更加客观、准确地评价学生的表现，也可以为学生和家长提供更有说服力的依据。具体性的评价不仅要注重评价的内容，还要注重评价的方式和形式。评价应该尽可能地个性化、灵活，根据不同学生的实际情况进行定制化的评价方式和形式。例如，针对某些学生可以采用图表或可视化的方式来呈现他们的成绩和表现，以帮助他们更好地理解和反思自己的表现；而对于某些学生可能需要更加详细的文字性评价，以帮助他们更好地了解自己的优劣势和需要改进的方面。

　　（4）公正性

　　公正性是指评价和反馈的过程中必须保持客观、公正的态度，避免主观偏见或歧视性评价的情况。在结果性评价中，公正性是非常重要的一点，因为这关系到学生的学习和成长。首先，评价标准必须是公正的。教师应该根据学科知识、学生的实际表现和教学目标等因素，制订出合理的评价标准，确保每个学生都能在公正、客观的标准下得到评价。评价标准应该尽可能明确和具体，让学生清楚知道自己的评价标准，避免主观臆断或随意评价的情况。其次，评价过程也必须是公正的。教师在评价学生时，应该尽可能避免主观偏见或歧视性评价的情况。评价过程中，教师应该注意尽可能减少自己的主观判断，避免将个人喜好或偏见带入评价过程中。此外，教师在评价学生时也应该尊重学生的个性和差异，避免出现一刀切的评价，使每个学生都能在公正的环境下得到评价。最后，评价结果也必须是公正的。评价结果是学生最为关心的，因为这关系到他们的学习成绩和发展。评价结果应该根据评价标准和评价过程得出，且必须是客观、公正的。如果评价结果不公正，学生将会对教育制度产生怀疑和质疑，这会对他们的学习和成长带来负面影响。评价和反馈应该公正、客观，不受个人情感或偏见的影响。评价和反馈应该基于客观的标准和准则，充分考虑学生的实际情况和能力水平。评价和反馈应该公平、公正地对待每个学生，不应该存在对某个学生特别关照或歧视的现象。

在给出结果性评价和反馈的同时，教师还应该注意到评价的时间和方式，否则会影响学生的学习积极性和信心。评价的方式应该多样化，包括口头评价、书面评价、小组讨论、班级反馈等多种形式，以满足不同学生的需求和倾向。此外，评价应该根据学生的不同情况和需求进行个性化处理，而不是一概而论，这样才能真正发挥评价的积极作用。

6.4　有效地使用学生学习评价结果

有效地使用学生学习评价结果是教学质量不断提高的重要环节。评价结果反映了学生的学习状况和课堂教学的效果，对于教师调整教学策略和提升教学质量具有重要作用。

首先，有效使用评价结果需要对评价工具和方法进行选择。评价工具和方法应该与课程目标和教学内容相匹配，并且应该具有可靠性和有效性。同时，评价工具和方法也应该具有合理性和实用性，能够充分反映学生的学习情况和教学效果。因此，在选择评价工具和方法时，应该综合考虑多种因素，选择最合适的工具和方法。

其次，有效使用评价结果需要教师进行分析和解读。评价结果仅仅是一个数字，如何对其进行分析和解读是至关重要的。教师应该将评价结果与课程目标和教学内容进行对比，分析学生的学习情况和教学效果。同时，教师也应该结合课堂实际情况进行分析，找出影响学生学习的因素，进一步调整教学策略和提高教学质量。

再次，有效使用评价结果需要教师及时反馈给学生。学生是课堂教学的主体，他们的反馈对于教师改进教学至关重要。因此，教师应该及时将评价结果反馈给学生，让学生了解自己的学习状况和教学效果。同时，教师也应该根据评价结果为学生提供有针对性的建议和指导，帮助他们调整学习策略和方法，提升学习效果。

　　最后，有效使用评价结果需要教师进行反思和改进。评价结果反映了教学效果和学生学习情况，教师应该根据评价结果进行反思和改进。教师应该找出自己教学中的不足和缺陷，以及学生的学习困难和问题，进一步调整教学策略和提高教学质量。同时，教师也应该不断进行反思和改进，不断提升自己的教学水平。

　　一种有效的反馈方法是使用形式多样的评价工具。这些工具包括平时成绩、测验、作业、报告、演讲和小组项目等。通过多种方式的评价，可以更全面地了解学生的学习情况和表现，并提供更具体的反馈。同时，教师还可以将学生的评价结果与学习目标和课程标准相匹配。这有助于让学生了解他们在哪些方面已经取得了成功，并激励他们在未来的学习中更加努力地追求目标。此外，教师还可以与学生讨论他们的评价结果，以鼓励他们更加深入地思考自己的学习过程和策略，并提供必要的帮助和支持。

6.5　实践案例

案例1
全班学生评价和反馈案例

　　正面的反馈和肯定能够增强学生的自信心，培养积极的学习态度。当学生的努力得到认可时，他们会感到自豪和满足，他们会形成积极的反馈循环，进而保持对学习的热情和投入。这种持续的学习态度和努力能培养学生的自觉性和责任感，促使他们更加积极主动地投入学习，有助于学生在长期学习中不断进步，为班级的良性成长提供稳定的动力和基础。下面是一次考试后针对全班同学的成绩反馈案例：

同学们，这次蓉城名校联盟的考试成绩出来了，我们班这次进入蓉城联盟前100名的学生由高一进校时的1名同学上升到了18名同学。这是一个非常了不起的成绩。你们知道的，蓉城名校联盟的A中学，高一进校时分数在600分以上的同学就有四百多人。这次你们能够取得这样的成绩，证明你们已经超越了A中学中当年600分以上的大部分同学，特别是咱班上进入蓉城名校联盟的那18名同学更是超过了几乎所有的同学。因为蓉城名校联盟总共有14所国家级重点中学的成员学校，前100名每个成员学校均分的话，每个学校可以占7名，但是咱班上就进了18名，你说这有多不容易。所以，大家的付出是值得的，大家的努力没有白费，希望同学们继续努力，下次有更多的同学能够进入蓉城名校联盟前100名。

这次没有进入蓉城名校联盟前100名的同学也不要气馁，大家要相信，一份努力一份成长，一份付出一分收获，在蓉城名校联盟中给自己定个目标。联盟学生总人数共13000人左右，其中理科人数近9000人，根据自己的情况，可以定蓉城名次前200名，前500名，甚至前1000名……这个目标不能太高也不能太低，跳一跳够得着就好。目标太高怎么努力都达不到，容易让自己产生挫败感；目标太低，随便就达到了，就失去了定目标的意义。给自己定目标就是为了让自己有目标感和任务感，能够向着目标坚持不懈地努力，不断要求自己进步和突破，达到自己能够达到的高度。这次考试中，化学也取得了特别优异的成绩。化学班级平均分为蓉城名校联盟所有班级里的第1名，化学个人最高分也在我们班。当然咱班的班级均分比本校同年级其他班级的平均分也高出了三十多分。同学们的化学实力确实很强，这跟你们在课堂上的专注有很大的关系。因为你们很重视课堂，所以你们在学化学的时候又轻松，效果又好，从这一点说，你们是很优秀的。

案例分析

当讲到此处的时候，同学们是兴奋和激动的。被肯定和鼓励的他们，真的是眼里都泛光。下面是从评价和反馈的及时性、具体性、激励和赋能、准确性和公正性等角度对这个案例进行分析。

（1）及时性

老师在学生考试后立即给予了评价和反馈，没有拖延，确保了及时性。这样做有助于学生们对自己的成绩有清晰的认知，并能够及时调整学习态度和行动计划。

（2）具体性

演讲中提供了具体的数据和事实，如蓉城联盟前100名的学生从进校时的1名同学上升到18名，超越了A中学当年600分以上同学的大部分，并且班级在化学科目中取得了特别优异的成绩。这种具体的信息能够帮助学生们更好地了解自己的表现和相对位置，为他们设定明确的目标提供了依据。

（3）激励和赋能

老师通过肯定学生们的成绩和付出，表达了对他们的赞赏和认可，激励他们继续努力。同时，老师也给出了目标设定的建议，鼓励学生们根据自身情况设定合理的目标，并强调一份努力一份成长，给予学生们自我成长和进步的信心和动力。

（4）准确性

老师提供的数据和信息是基于实际成绩和比较进行的，因此具有一定的准确性。通过比较学生们在联盟中的名次和班级成绩与其他学校、班级的平均水平之间的差距，给予了学生们客观的评价和反馈。

（5）公正性

老师在演讲中没有对学生进行任意的歧视或偏袒，而是基于实际成绩和数据进行评价。同时，老师也鼓励没有进入前100名的学生不要气馁，并给予了他们制订适合自己目标的建议，保持了公正性。

- -

在评价和反馈学生考试成绩时，通过及时、具体、激励和赋能、准确、公正等方式，给予了学生们积极的回馈和指导。这种评价和反馈有助于激发学生的动力、提高自我认知。接下来老师还可以深入了解每个学生的学习情况和目标，提供个性化的指导和建议，与学生进行一对一的讨论，帮助他们制订具体的学习计划和目标，并提供针对性的学习建议和资源。另外还可以鼓励学生对自己的学习过程进行反思，帮助他们发现自己的优势和不足，并思考如何改进和提高。老师可以提出问题或给予启发，引导学生思考他们的学习策略、时间管理和注意力集中等方面的问题，促使他们在学习中不断成长和改进。同时强调良好的学习习惯的重要性，并提供相关的建议和技巧，分享学习方法和技巧，如有效的记忆和复习方法、阅读理解技巧等，帮助学生提高学习效果和效率。

案例2
个别学生评价和反馈案例

（这是一次一对一的学生谈话，把学生请到办公室，示意学生坐下后，看着学生的眼睛，利用合理的语气语调和必要的助词，把握尊重、肯定、鼓励的原则进行单独谈话。）

这次考试你的总分比上次有了很大的进步哦！这个很不错！特别是你的化学成绩！在化学单科方面，你已经达到了年级领先水平，这是非常值得称赞的成绩！其实以你的思维能力和学习能力，你还可以更"猛"的，你的总分还应该有更大的突破。你注意到是什么问题让你现在暂时还没有那么突出不？主要是你的手机管理问题。你在手机管理方面不够科学和合理，导致上课时会出现打瞌睡的情况。手机虽然在我们现代生活中起到了一定的作用，带给了我们诸多便利，但它们也可能成为我们学习的障碍。老师建议你考虑把手机交给父母保管。因为即使每天晚自习回家只玩几分钟手机，看似没有占用太多学习时间，但这种习惯可能带来不小的危害。因为它破坏的是你自律、奋斗和拼搏的学习感觉和状态。

你可以尝试着解决一下这个问题。如果你能做到，老师相信你会取得更大的进步。因为你的思维习惯和思维品质确实很不错。试试看，你看行不？！

案例分析

这个案例其实在沟通和反馈的过程中用到了"三明治法则"。这是一个最简单，但是大家最不习惯去用的法则。家长和教师在教育孩子的时候，可以随时表扬，表扬不需要挑时间，也不怕过度，不用担心孩子不愿意——孩子看上去不愿意，其实他内心很高兴。但批评就不一样了，批评必须用"三明治法则"，不适用"三明治法则"的批评，几乎都会适得其反。"三明治法则"是一种有效的沟通技巧，适用于许多情境中，包括家庭教育。这个法则强调了在指出问题之前先表扬和肯定对方的优点或努力，然后将批评或希望改进的事项包裹在其中，最后再次给予肯定和期待。教育过程中，用"三明治法则"进行指导和反馈可以带来更积极的效果。通过先表扬孩子的努力和成就，增强他们的自信心和积极性，然后提出需要改进的问题或行为，这样孩子更容易接受和理解，并且会感受到你的关心和支持。最后，再次肯定孩子的潜力和期待，鼓励他们继续努力和成长。然而，需要注意的是，"三明治法则"并不是一种遮掩问题或回避批评的方式，而是一种更温和、更具建设性的方法，旨在建立积极的沟通氛围并提供有效的指导。同时，每个孩子的接受方式和需要不同，教师和家长需要根据孩子的性格和情境进行调整和灵活运用。

归纳梳理一下："三明治法则"的第一层是认同、赏识、肯定和关爱。在给予反馈之前，先表达对对方的认同和赏识，让对方感受到你的关心和支持。这种肯定和关爱的态度可以帮助建立良好的沟通基础。第二层夹着建议、批评或不同观点。在给出具体建议或提出批评时，需要用温和和尊重的语气，关注具体问题而非攻击个人。

同时，如果存在不同观点，可以以理性和平和的方式表达，并鼓励对方思考和探索。第三层是激励、希望、信任和支持。在结束反馈时，重申对对方的信任和支持，激励对方继续努力和成长。给予希望和积极的期待，让对方感到被鼓舞和被赋予责任感。

通过将反馈或批评包裹在肯定和支持的语境中，"三明治法则"可以增加对方接受和理解的可能性，同时维护了人际关系的和谐与尊重。

案例3
化学课堂满意度问卷调查

高中教师可以根据化学课堂满意度调查了解学生对课堂教学的满意情况。学生的反馈可以提供宝贵的信息，帮助教师了解他们的学习体验、学习动机和学习需求。这样，教师可以根据学生的反馈和需求进行课堂调整和改进，提高教学效果。

通过了解学生的满意度，教师可以识别出自己教学中的优点和改进的方面。他们可以了解自己在课堂教学中的不足之处，并采取措施改进教学方法、内容和资源。满意度调查也是教师持续改进和专业成长的重要反馈机制之一。教师可以通过了解学生的满意度，不断调整自己的教学方法和策略，提升自己的教学能力和专业素养。这种持续改进和专业成长有助于教师不断提高自身的教学水平，帮助教师快速完成专业成长。

通过满意度调查，教师可以了解学生的个性化需求，根据学生的反馈和意见，教师更能提供更加差异化的教学指导和支持，采取具有针对性的个性化教学和差异化指导，有助于满足学生的学习差异，促进个体学生的发展和成功。

高二（1）班化学课堂满意度调查表（空）

1. 你对化学这门学科有兴趣吗？

    A. 非常感兴趣　B. 比较感兴趣　　　C. 一般　　　　　D. 不感兴趣

2. 你认为化学对你未来的学习和职业发展有帮助吗？

    A. 非常有帮助　B. 有一定帮助　　　C. 一般　　　　　D. 没有帮助

3. 你觉得化学的知识点难度如何？

    A. 很简单　　　B. 比较容易　　　　C. 有一定难度　　D. 很难

4. 你认为老师在本课程的讲授中表现如何？

    A. 非常好　　　B. 比较好　　　　　C. 一般　　　　　D. 不太好

5. 你觉得本课程的教学方式和方法是否适合你？

    A. 非常适合　　B. 比较适合　　　　C. 一般　　　　　D. 不太适合

6. 你是否理解了本课程中所讲授的内容？

    A. 非常理解　　B. 比较理解　　　　C. 有点难以理解　D. 不理解

7. 你觉得本课程的学习材料是否充足？

    A. 非常充足　　B. 比较充足　　　　C. 一般　　　　　D. 不太充足

8. 你在本课程中遇到了哪些困难？

    A. 难以理解概念　　　　　　　　　B. 化学知识不足

    C. 实验操作困难　　　　　　　　　D. 其他（请注明）

9. 你觉得本课程的实验内容是否充实？

    A. 非常充实　　B. 比较充实　　　　C. 一般　　　　　D. 不太充实

10. 你认为实验对于学习化学的帮助如何？

    A. 非常有帮助　B. 有一定帮助　　　C. 一般　　　　　D. 没有帮助

11. 你是否喜欢参加实验课？

    A. 非常喜欢   B. 比较喜欢   C. 一般   D. 不喜欢

12. 你觉得本课程的学习任务是否太多？

    A. 非常多   B. 比较多   C. 一般   D. 不太多

13. 你是否了解本课程的学习目标和重点？

    A. 完全了解   B. 大部分了解   C. 有点了解   D. 不了解

14. 本节课中，哪些内容对你来说比较困难？

    A. 化学公式的理解   B. 化学实验的操作

    C. 化学知识的记忆   D. 其他（请注明）

15. 你认为需要哪些学习资源来帮助你更好地学习化学？

    A. 化学课本   B. 化学网站   C. 化学视频   D. 化学实验

16. 你觉得本节课的难度如何？

    A. 太容易   B. 适中   C. 有些难   D. 很难

17. 你对本节课的实验有何感受？

    A. 很有趣   B. 有点枯燥   C. 一般   D. 没有感觉

18. 你觉得本节课上的实验是否有帮助？

    有很大帮助   B. 有一些帮助   C. 没有帮助   D. 没有参加实验

19. 你对本学期的化学课程有何期望？

    A. 学习更多的化学知识   B. 提高我的实验技能

    C. 希望成为化学专业人士   D. 其他

20. 你对课程所使用的教材有何意见？

    A. 教材非常好，讲解清晰

    B. 教材一般，需要更多的图表和实例

    C. 教材过于简单或复杂，不适合我的水平

    D. 其他

21. 你觉得本课程的难度如何？

    A. 非常简单，容易掌握

147

B. 有一定难度，需要更多的学习和练习

C. 很难，需要更多的帮助和指导

D. 还没有形成一个准确的评价

22. 你认为教师讲解内容清晰明了吗？

A. 非常清晰明了，易于理解　　　　B. 讲解一般，有些内容需要进一步解释

C. 讲解过于简单或复杂，难以理解　D. 还没有形成一个准确的评价

23. 你认为教师是否能够回答你的问题？

A. 是，教师能够很好地回答我的问题

B. 有时候，教师回答问题不太清晰

C. 教师不能回答我的问题

D. 还没有形成一个准确的评价

24. 你对本节课的时间分配是否满意？

A. 非常满意　　　B. 比较满意　　　C. 一般　　　　D. 不满意

25. 你对本节课的整体表现是否满意？

A. 非常满意　　　B. 比较满意　　　C. 一般　　　　D. 不满意

26请在下面的空白处写下你对化学课的建议：

　　收回调查问卷后，为了有效利用这些数据，需要对问卷结果进行处理和分析。处理调查问卷结果的步骤：

　　① 数据录入和清洗：将问卷结果进行录入，并进行数据清洗，确保数据的准确性和一致性。

　　② 数据分析：使用统计软件（如Excel、SPSS等）进行数据分

析。可以对不同问题的回答进行频数分析、比率分析、交叉分析、相关性分析等，以了解学生的普遍看法、优势和问题。

③ 结果解释：根据分析结果，可以对学生的反馈进行解释和分析，探讨问题出现的原因和可能的解决方案。

④ 总结和反思：总结和反思分析结果，探究教学中的问题和不足之处，并提出改进的措施。同时，也要肯定取得的成绩和优势。

⑤ 反馈和应用：将分析结果反馈给学生、家长和学校管理部门，并根据结果进行教学改进和调整，以提高教学质量和学生满意度。

【调查结果处理】

（1）结果统计

对于化学这门学科的兴趣程度，有56%的学生非常感兴趣，30%的学生比较感兴趣，10%的学生觉得一般，只有4%的学生不感兴趣。因此，大多数学生对化学这门学科还是有很大兴趣的。

关于化学对于未来学习和职业发展的帮助，33%的学生认为非常有帮助，47%的学生认为有一定帮助，14%的学生认为一般，只有6%的学生认为没有帮助。这说明学生对化学的学习仍然非常重视，同时也认为它对未来有帮助。

在化学知识点难度方面，有59%的学生认为比较容易或很简单，24%的学生认为有一定难度，只有17%的学生认为很难。因此，大多数学生认为本课程的难度还是比较适中的。

在老师的授课方面，57%的学生认为老师表现非常好或比较好，35%的学生认为一般，只有8%的学生认为不太好。因此，大部分学生对老师的授课还是比较满意的。

在本课程的教学方式和方法方面，有46%的学生认为非常适合，39%的学生认为比较适合，14%的学生认为一般，只有1%的学生认为不太适合。这说明本课程的教学方式和方法对大多数学生来说是比较合适的。

在本课程的学习材料方面，有48%的学生认为非常充足或比较充足，39%的学生认为一般，13%的学生认为不太充足。因此，还有一部分学生认为学习材料不够充足，需要进一步加强。

在本课程中遇到的困难方面，有31%的学生认为难以理解概念，23%的学生认为实验操作困难，18%的学生认为数学知识不足，28%的学生认为其他原因（例如时间安排、个人兴趣等）。因此，需要针对不同类型的困难，采取相应的措施，提高学生的学习效果。

（2）数据结果分析

问卷回收率高，共有200份问卷被填写，全部得到了录入和分析。

大多数学生对化学这门学科很感兴趣，并且认为化学对未来的学习和职业发展有帮助。关于难度问题，学生的回答分布较为均匀，但是有一部分学生认为化学的知识点很难。大部分学生对老师的表现比较满意，但也有一些学生对老师的表现提出了一些不太好的评价。大多数学生认为教学方式和方法适合自己，并且理解了本课程中所讲授的内容。对于学习材料和实验内容的充实程度，学生们的回答分布也比较均匀，但是有一些学生认为学习材料和实验内容不够充实。在遇到困难方面，学生们的回答也比较多样化，但是有一些学生表示难以理解概念和实验操作困难。大多数学生认为实验对于学习化学很有帮助，并且喜欢参加实验课。

关于学习任务的数量，大部分学生认为任务量比较适中。关于学习资源的问题，大多数学生认为化学课本、化学网站和化学视频都能够帮助自己更好地学习化学。

（3）调查结论

① 教师在本课程的讲授中表现比较好，但还需继续努力，让更多的学生对教学满意度更高。

② 教学方式和方法比较适合学生，并且大部分学生都理解了所讲授的内容，但也有一部分学生对难度有所抱怨，教师需要在讲授时更注重理解和细节。

③ 学习材料和实验内容需要更充实，以满足学生的需求和兴趣，让学生更好地参与到实验中来。

④ 学生们需要更多的练习和反馈机会，以提高学习效果和学习兴趣。

⑤ 教师需要了解学生遇到的困难，并提供相应的帮助和指导，让学生更容易地掌握化学知识和技能。

（4）改善措施

① 教师应该进一步改进自己的教学方法和表现。

深入了解学生的学习需求和兴趣，结合课程内容和教学目标，制订更加针对性和有效的教学计划。多种教学方法和手段的运用，如小组讨论、问题解答、案例分析等，以提高学生的参与度和学习兴趣。加强对学生的引导和监督，及时发现学生的问题和困惑，并提供针对性的帮助和指导。

② 学习材料和实验内容应该更充实、更有趣味性。

对现有的学习材料和实验内容进行审核和优化，剔除过时、重复或不合适的内容，增加新颖、实用和有趣味性的内容。开发更多的多媒体教学资源，如PPT、视频、动画等，以吸引学生的注意力和激发学生的学习兴趣。加强与相关行业和企业的合作，引入最新的科技和实践应用，以让学生更好地理解化学知识和技能。

③ 教师应该提供更多的练习和反馈机会。

制订更加详细和全面的作业和测试，让学生有更多的机会巩固所学的知识和技能，并及时发现和纠正自己的错误。对学生的作业和测试进行评估和反馈，帮助学生了解自己的学习进度和问题，及时进行调整和改进。定期组织模拟考试和竞赛活动，激发学生的学习热情和竞争意识，以提高学生的学习成绩和综合素质。

④ 教师需要更好地了解学生遇到的困难。

在课堂上积极与学生沟通和交流，倾听学生的意见和建议，及时了解学生的问题和困惑。定期组织个别或小组辅导活动，为学生提供更加个性化和针对性的帮助和指导。建立学生档案和反馈系统，对学生的学习情况进行跟踪和记录，及时发现和解决学生的问题和困惑。教师应该定期对学生的学习情况进行评估和反馈。

⑤ 培训与支持。

学校应加强对教师的培训和支持，帮助教师更好地掌握教学技能和知识，并提供必要的支持和资源，以提高教学水平和效果。学校应该鼓励教师和学生积极参与科研和实践活动，以提高教学水平和学生的综合素质，同时也可以为学生提供更多的学习机会和体验。学校应该建立更加完善的评估和反馈机制，对教学效果和学生学习情况进行定期评估和反馈，并及时采取相应措施来优化教学效果。

⑥ 心理健康教育。

学校应加强对学生的心理健康教育，帮助学生更好地调整自己的心态和情绪，提高学习效果和兴趣。同时注重科技手段的应用，利用各种教育技术手段和工具，提高教学效果和学生的学习兴趣。

第 **7** 章

良好的沟通关系

H₂O CHEMISTRY Fe

现代的教育已经不是知识教育，更多是一种情感的影响。这种情感就是把人区别于聊天机器人的特性。有这样一句话，过去的工作与肌肉有关，现在的工作与大脑有关；但在未来，工作将与心脏有关。这足以表明了有效交流沟通在教师工作中的重要性。教育不仅仅是知识传授和学术教育，更关注于人际关系和人与人之间的联系。教育中的人性关怀、情感交流和社会互动可以使教师更全面地关注学生的个体差异、情感需求和人际互动，从而更好地满足他们的学习和成长。

7.1 建立良好沟通关系的重要性

美国教育家、哲学家约翰·杜威在其所著的《民主与教育》一书中强调了教育中的关系和互动的重要性，认为学生和教师之间的互动和合作是促进学习和发展的关键因素。后来，"教育就是关系学""教学就是有效的沟通"等经典名言也逐渐引起教育工作者的广泛引用和传播。教育工作者也越来越重视在教育教学过程中建立良好的沟通关系。

7.1.1 相关理论

（1）杜威的经验主义教育理论

杜威是美国教育学家和哲学家，被认为是现代教育学和进步主义教育运动的代表人物。他主张教育是通过经验和实践来促进学生个体的发展和社会进步的。杜威认为，教育不是简单地传授知识，而是通过与学生的关系来促进学生的自我发展。他强调学生的经验和环境对教育的重要性，认为教育应该是学生与教师之间的互动和合作过程。这种互动过程需要建立在教师与学生之间的信任和尊重基础上，从而建立良好的关系。

（2）弗洛姆的人本主义教育理论

弗洛姆是德国裔美国心理学家和社会学家，也是人本主义心理学的代表人物之一。他认为，人的本质是社交的，个体的发展和幸福都需要良好的社会关系。弗洛姆主张教育应该是学生与教师之间的平等和自由的关系，而不是一种控制和压制。他认为，学生需要自由地表达自己的意见和想法，而教师需要尊重学生的个性和需要，建立良好的信任和沟通关系，从而实现教育的目的。他在他的著作《爱的艺术》中强调，教育的本质是帮助学生发展成为有爱心和有创造力的人，而这需要建立和谐的人际关系。他认为，建立良好的人际关系需要教育者具备自我意识和爱的能力。教育者需要了解自己的内心世界，认识自己的情感和欲望，并接受自己的不足，才能更好地理解学生的内心世界。同时，教育者需要有爱的能力，即理解和尊重学生，支持学生的成长，帮助他们发掘潜力，让他们成为自己的主人。在这个过程中，建立良好的人际关系是非常重要的，只有教育者和学生之间建立了信任和尊重的关系，学生才会更愿意倾听教育者的教诲。

（3）吉诺特的关系教育理论

吉诺特是以色列裔美国心理学家和教育家，也是关系教育理论的代表人物。他强调教育是人际关系的艺术，认为教育的成功取决于教师与学生之间的关系。伯努克主张教师需要尊重学生的感受和需要，以温暖、关爱和理解的方式与学生沟通。他认为，教师需要关注学生的情感需求，建立良好的情感连接，从而建立信任和合作的关系。同时，伯努克也主张教师需要有效地表达自己的需求和期望，而不是简单地控制和指挥学生。

(4) 社交认知理论

社交认知理论由加拿大心理学家阿尔伯特·班杜拉提出。他强调社交因素在学习和发展中的重要性，认为人们不仅从自身经验中学习，还通过观察和模仿他人的行为来获取知识和技能。因此，学习是一种社会过程，需要建立良好的人际关系。他提出了"自我效能感"的概念，即个体对自己能够完成某项任务的信心和能力。通过建立良好的人际关系，教育者可以帮助学生建立自信和自我效能感，从而更好地完成学习任务。

7.1.2 重要性

良好的沟通关系对于教育教学的各个方面都是至关重要的。在教育教学中，建立起有效的沟通关系，能够促进教师与学生、家长、同事之间的相互理解、尊重和信任，从而达到更好的教学效果。教育不只是知识的传授，也包括了与学生、老师、家长以及社会等多方面的人际关系的建立和管理。这种关系是有机的，需要建立在互信、尊重、理解和共享的基础上。这是一个长期的过程，需要教师们付出持续的努力，才能建立良好的沟通关系。"教育就是有效的沟通"。有效沟通可以帮助教师更好地了解学生的需求和学习特点，提供更好的教育支持，从而提高教育效果。教师需要使用清晰、简洁、具体的语言向学生传递知识和信息，并聆听学生的反馈和想法，建立良好的反馈机制，及时了解学生的学习情况和困难，以便更好地帮助学生克服难题，提高学习成绩。教育需要建立和管理人际关系，并通过有效沟通来促进教育效果的提高。只有通过建立良好的人际关系和有效的沟通，教育才能真正实现个性化、全面化和人性化的目标，为学生的发展提供更好的支持和保障。良好的沟通关系不仅能够促进学生的学习和发展，还能够提高教师的教学效果和工作满意度。良好的沟通关系可以帮助教师更好地了解学生的需求和学习特点，从而更好地为学生提供个性化的教育支持。

首先，良好的沟通关系对于教师来说是非常重要的。教师需要了解学生的需求和问题，以制订更加有效的教学计划和教学策略。建立良好的沟通关系可以帮助教师更好地了解学生的学习兴趣和需要，了解他们的学习能力和困难。这样，教师可以根据学生的实际情况进行差异化教学，满足学生的个性化需求，提高教学效果。

其次，良好的沟通关系对于学生来说同样是非常重要的。学生需要与教师建立良好的关系，以获得更好的指导和支持。良好的沟通关系可以帮助学生建立自信心和积极的学习态度，促进他们更好地参与课堂活动。同时，良好的沟通关系也可以帮助学生解决学习中遇到的问题，获得更好的成长和发展。在教学过程中，教师需要与学生建立一种相互理解和信任的关系。只有当学生信任和尊重教师时，才会更积极地参与到教学中来。教师需要从学生的角度出发，尊重学生的思想、感受和需要，引导学生参与课堂，提高学生学习的兴趣和动力。因此，教师需要创造一个有利于学生发挥的课堂氛围，鼓励学生表达自己的看法和想法，给予学生更多的支持和帮助。这种良好的沟通关系，不仅能够帮助学生取得更好的学习成绩，也能够提高学生的综合素质和能力。

再次，良好的沟通关系对于家长也非常重要。教师需要与家长建立良好的关系，与他们交流学生的学习情况。教师需要及时与家长联系，让家长参与到学生的学习中来，共同解决问题，共同提高学生的学习成绩。这样，家长可以更好地了解孩子的学习状况，积极参与到孩子的学习中来，为孩子的成长和发展提供更好的支持和帮助。良好的沟通关系是家校合作的基础。家庭是学生成长的重要场所，家长对学生的成长发挥着不可忽视的作用。因此，建立良好的家校关系，是实现学生全面发展的必要条件。教师需要与家长保持密切的联系，及时反馈学生的学习和生活情况，倾听家长的意见和建议，共同探讨学生的问题和解决方案。只有当教师与家长建立了良好的沟通关系，才能让家庭和学校形成良好的互动，发挥最大的育人作用。

最后，良好的沟通关系是同事合作的关键。在教育教学过程中，教师需要与同事之间进行紧密的合作，共同完成教学任务。如果教师之间缺乏有效的沟通，就很难实现良好的合作。教师之间需要相互信任、相互支持、相互协作，才能够更好地完成教学任务，促进学生的发展。特别是对于青年教师来说，建立良好的团队合作关系是至关重要的。青年教师通常缺乏经验和知识，但他们的热情和创新能力能够给教育教学带来新的活力。因此，青年教师需要与同事建立良好的沟通关系，学习他们的经验和智慧，了解他们的教学方法和策略。青年教师与同龄教师相处需要尊重彼此的专业能力和个性差异。同龄教师可能有不同的教育背景、教学方法和风格，但这些差异不应该成为彼此之间的障碍。相反，教师应该互相学习、相互促进，共同发展和成长。在沟通和合作过程中，教师需要表现出真诚和尊重，以建立互相信任和支持的关系。青年教师还需要从中年教师和老教师身上学习。中老年教师通常具有丰富的教学经验和知识，可以与青年教师分享这些宝贵的经验和知识。青年教师应该虚心听取中老年教师的建议和意见，学习他们的教学经验，向他们请教如何在课堂上更好地处理学生关系，如何让学生更好地理解知识点，如何在教学中引导学生，以此提高自己的教学水平。同时，青年教师也可以带给中年教师和老教师新的思路和方法，促进他们的进一步发展和提高。

总之，青年教师需要在日常工作中不断努力，尊重同事，与同事平等沟通，不要妄自菲薄或自大，而是要积极交流，共同探讨教学中的难题和解决方案。其次，青年教师需要勇于承担责任，积极参与团队合作。只有通过共同努力，才能取得更好的教学效果，促进学生的发展。最后，青年教师需要具备良好的沟通技巧，能够有效地表达自己的观点和意见，同时也能够倾听别人的建议和意见，与同事之间建立良好的合作关系。

7.2 教师与学生、家长、同事之间的沟通关系

在学校里面关系其实很多，但最重要的一定是师生关系。如果解决不好师生关系，家校关系就永远解决不好。但非常遗憾，大部分学校和教师都是在解决家校关系。家校关系不是主辅，是协同；不是上帝，是伙伴；不是群体，是个体；不是两方，是三方。家校关系中，不是只有家长、老师跟学校的关系，最重要的一方其实是孩子。所以，在思考家校关系时，如果我们不关注孩子和家校的关系，就会迷失方向。

教师又是教学中的各种沟通关系的主体。教师与学生、家长、同事之间建立良好的沟通关系的关键是教师自身的素养。一个拥有良好素养、具有人格魅力的教师必然是大气的、正气的、和气的。

大气意味着豁达开朗、胸襟宽阔和举止大方。在与同事和学生

的相处中，他们表现出积极向上的态度和乐观心态。他们对待工作和生活的种种挑战都能保持冷静和镇定，不被琐碎的事物所困扰。大气的老师能够以平和的心态面对各种困难和压力，并且以鼓舞人心的方式激励和影响他人。

正气包括高风亮节、清正廉洁和有师者风范。这意味着他们秉持正确的道德标准和价值观，并坚守正义和诚信原则。他们对待工作和学生都持有高度责任感，始终遵循职业道德，保持专业的操守。正气的老师以身作则，成为学生的榜样，通过正直的行为和言行传递正确的价值观。

和气包括对待同事谦逊真诚、以礼相待，以及对待学生和蔼可亲、循循善诱。他们与同事之间建立良好的合作关系，乐于帮助和支持他人，并尊重他人的意见和贡献。对学生来说，和气的老师能够关心、理解和尊重他们的个体差异，并以友善和亲切的态度与他们相处。他们善于倾听和引导，能够用温和的方式激发学生的学习兴趣和潜力。

老师以其大气、正气和和气的品质成为学生的榜样。学生会通过观察老师的行为和态度来塑造自己的价值观和行为准则。大气的老师教导学生要有宽容和包容的心态；正气的老师引导学生树立正确的道德观念和行为准则；和气的老师教导学生以友善和尊重的方式与他人相处。这样的榜样塑造有助于学生发展良好的品德和积极的人际关系。

老师以其大气、正气和和气的品质营造积极的学习氛围。大气的老师能够传递积极的能量和态度，激发学生的学习动力和兴趣。正气的老师能够引导学生树立正确的学习价值观，提倡诚实、努力和自律。和气的老师能够营造和谐的教室氛围，建立师生之间的信任和良好的沟通关系。这样的学习氛围有助于学生积极参与学习、提高学习效果。

老师以其大气、正气和和气的品质树立了良好的教师形象。大气的老师给人以自信和自尊的印象，展现出专业素养和领导力；正气的老师赢得了学生和家长的尊重和信任，成为可信赖的教育者；和气的老师得到了同事的认可和支持，建立了良好的合作关系。这样的教师形象有助于提升教师的职业声誉和影响力，进一步推动教育事业的发展。

7.2.1　与学生沟通

与学生的沟通是高中教师工作的重要组成部分。随着学生年级的不断升高，与学生沟通的方式和内容也会有所变化，例如高一入学的习惯培养、高二的奋斗与坚持、高三备战高考的心态调整和冲刺策略等都需要根据学生的实际情况作适时的指导。

（1）高一入学的习惯培养

在高一入学的初期，学生需要适应新的学习环境和学习方法。高中教师应该注重与学生的沟通，帮助他们建立正确的学习习惯和态度，养成良好的学习习惯，提高学习效率。具体来说，可以从以下几个方面进行沟通：

① 规划学习计划。帮助学生制订适合自己的学习计划，合理安排学习时间，明确学习目标和重点。

② 指导学习方法。向学生介绍各种学习方法，如记忆、思维、理解等方法，帮助学生找到适合自己的学习方法，提高学习效率。

③ 关注学习状态。了解学生的学习状态，关注他们的学习困难和问题，及时给予指导和帮助，帮助学生克服学习障碍。

（2）高二的坚持与奋斗

在高二阶段，学生需要在各个方面保持积极向上的态度，坚持学习和奋斗。高中教师应该引导学生树立正确的人生观和价值观，激发他们的学习热情和自信心，具体来说，可以从以下几个方面进行沟通：

① 传递正能量。在与学生的交流中，教师要传递积极向上的能量，鼓励学生克服困难和挑战自我。

② 激发兴趣。教师应该了解学生的兴趣爱好和特长，并引导他们在这些方面进行深入学习和探索，激发学生的学习热情。

③ 塑造品格。教师应该引导学生树立正确的人生观和价值观，培养学生养成良好的品格和精神，让他们成为积极向上、有责任感和担当的人。

（3）高三备战高考的心态调整和冲刺策略

高三是学生备战高考的关键时期，这段时间内的心态调整和冲刺方法对于考生的考试成绩和未来的发展具有决定性的影响。

① 调整心态。高三阶段考生的压力非常大，不少学生会出现情绪低落、焦虑等心理问题。这时，学生应该认识到高考并不是人生的终点，要保持乐观向上的心态，积极应对挑战。

② 制订备考复习计划。制订一份详细的备考计划，规划每天的学习时间和任务，合理分配时间，将复习工作分解成可行的步骤。在制订计划时，还应该考虑到自己的实际情况和能力水平，制订适合自己的计划。

③ 保持健康。高三阶段要保持良好的生活习惯和作息时间，每天保持充足的睡眠和适度的运动，保证身体健康。注意合理的饮食搭配，多食用蔬菜和水果，尽量避免食用垃圾食品。

④ 提高复习效率。高三阶段，学生应该以提高复习效率为目标，尝试不同的复习方法，如划重点、讲解、做题等。建议把各个学科的知识点整理成思维导图，以便理清知识点之间的关系。

⑤ 合理应对考试。高三阶段考生要经常进行模拟考试，考前模拟考试尤为重要。模拟考试可以帮助学生了解自己的优劣势，发现薄弱环节，及时调整学习计划，提高复习效率。同时，在考场上，要保持冷静、淡定，按照计划逐一完成考试内容。

⑥ 增强信心。高三阶段，学生要不断增强自信，积极评价自己的进步情况，对于遇到的困难和挫折要勇于面对，不要轻易放弃。同时，也要关注身边的正面例子，学习他们的成功经验，加强自己的信心。

7.2.2　与家长沟通

（1）高一学生家长的交流沟通

对于刚进入高中的学生，适应高中生活的过程通常会伴随着各种不适应的情况。例如，高中学习的难度、压力和课业量都比初中大很多，而且高中学科内容更加深入，需要更多的自主学习和思考。这些因素都可能导致学生的情绪波动和成绩下降，因此，家长在孩子抱怨和沮丧时应该正确引导和疏导。

首先，家长应该让孩子明白高中与初中学习中的方方面面的差异，比如高中更加注重理论知识的学习，而初中更注重基础知识和应用。这样孩子就可以明白自己需要付出更多的努力和时间，才能适应高中的学习模式。

然后，家长应该注意引导孩子正确看待学习成绩。在初中，学生的成绩通常都比较优秀，但是到了高中，由于学习的难度增加，很多学生的成绩就开始下滑了。作为高中教师应该鼓励家长关注学生的相对排名变化而不是只关注学生的绝对分数。相对排名是指学生在班级或年级中所处的排名情况，而绝对分数只是一个单一的数字。相对排名能够更加客观地反映学生在班级或年级中的学习水平，对于家长来说，相对排名的变化能够更好地反映孩子在学校中的实际表现。教师可以向家长解释，高中学习是一个相对比较的过程，学生不是在与题目或知识点竞争，而是在与同学竞争。如果学生在某个学科中成绩不如初中，但是在班级或年级中的排名却提高了，那么就说明孩子在高中学习中已经有了很大的进步，这个进步比分数更为重要。同时，教师可以告诉家长，相对排名的变化也能够更好地反映孩子的实际能力和潜力。如果孩子在相对排名中表现得越来越好，那么说明他们正在不断地提高自己的能力和实力，这对于未来的发展是非常重要的。最后，可以鼓励家长在与孩子交流时，注重孩子的实际表现和进步，而不仅仅关注分数。教师可以鼓励孩子积极参与班级或学校的各种活动，培养他们的综合素质，提高他们在班级和年级中的相对排名。这不仅能够提高孩子的自信心和积极性，同时也能够更好地反映孩子在高中学习中的全面表现。家长应该知道，成绩并不是唯一的衡量标准，而且高中的学习不仅仅是为了追求好成绩，更重要的是培养学生的综合素质和未来的发展潜力。因此，家长要给孩子一些正面的鼓励和肯定，帮助他们树立正确的学习态度。在高中学习中，学生面临的不仅仅是学科知识的学习，还有各种社交、心理、成长等方面的挑战。因此，教师需要引导家长从更加全面和长远的角度关注孩子的学习和成长。

其次，家长应该鼓励孩子积极思考和提问。在高中的学习中，理解和思考能力比单纯的记忆更为重要。因此，家长可以给孩子提供更多的学习资源和途径，让他们能够更加自主地学习和思考，提高自己的学习能力。

最后，家长应该关注孩子的情绪和身体状况。由于高中学习的压力较大，有些学生可能会出现焦虑、紧张等情绪问题，因此家长要及时关注孩子的情绪状况，给予适当的心理支持。此外，家长还要关注孩子的身体健康，帮助孩子建立良好的生活习惯，保持健康的身体状况。

（2）高二学生家长的交流沟通

当高二学生在学校和班级里逐渐熟悉起来，社交问题开始凸显，学生之间的交往变得更为密切，这时候，家长需要及时了解学生在校的表现，引导学生合理地处理人际关系，同时也要配合教师的工作，为学生的健康成长提供有力的支持和帮助。

首先，家长需要认识到学生在高中时期的人际关系处理可能会遇到的问题。作为家长，需要与孩子保持沟通，让他们知道自己是可以信任和倾诉的，关心他们的想法和感受，提供适当的帮助和建议。如果发现孩子的社交行为有些不当，家长需要引导他们认识到这些问题，并与他们一起寻找解决方案，例如让他们明白友情和学业之间的关系，培养孩子的人际交往技能，教会他们如何保持良好的人际关系。

其次，家长需要与教师合作，共同帮助学生解决社交问题。教师在学生的日常教学和生活中有着重要的作用，他们可以通过观察学生的表现和行为，及时发现学生可能存在的问题，并通过与家长沟通来找到解决方案。因此，家长应该积极参与学生的学校生活，与教师保持紧密的联系，了解孩子在校表现，协助教师及时发现学生存在的问题并进行处理。另外，家长也可以参与学校的家长会议和学生家长活动，与其他家长交流经验和建议，共同为孩子提供更好的学习环境和生活保障。

最后，对于学生使用手机等电子产品的问题，家长应该严格把控，合理引导孩子的使用。手机和电子产品在现代社会中已经成为人们日常生活中不可或缺的工具，但如果使用不当，会对学生的学习和身心健康造成不良影响。家长应该与孩子沟通，制订科学合理的使用规则，避免过度使用手机和电子产品对学习成绩和健康造成影响。家长还可以通过监管孩子的使用行为，及时发现不良行为并加以纠正。

（3）高三学生家长的交流沟通

高三是每个学生都非常关注的一个阶段，因为这关系到他们未来的发展和生活方向。在这个阶段，学生和家长都会感受到巨大的压力和焦虑，这时候家长的作用就显得非常重要了。

首先，家长需要认识到学生在高三备考阶段需要的是精神上的支持和鼓励，而不是过分的管教和限制。过度的关注和担心反而会给学生带来更大的压力和负担，进而影响他们的学习成绩和心理健康。家长可以通过多与孩子交流，了解他们的情况和想法，鼓励他们保持乐观向上的心态和积极的行动力，让他们知道自己的能力和价值，支持他们实现自己的梦想。

其次，家长需要注意营养和休息的问题。高三阶段学生备考时间紧张，学习任务繁重，但是这并不代表着家长要忽略孩子的健康。家长需要保证孩子有足够的休息时间，尤其是晚上的睡眠时间，这对于学生的身体和大脑健康都是非常重要的。此外，家长还需要控制好孩子的饮食，保证他们有充足的营养摄入，但不要过度，避免对学生的健康造成负面影响。

最后，家长需要注意与教师的合作和配合。教师是学生学习和备考过程中最为重要的支持者和指导者，家长需要与教师保持良好的沟通和联系，了解孩子在学校的表现和需要，与教师共同为孩子的发展提供支持和帮助。家长可以参加学校和班级组织的家长会议和家长学校活动，了解学校的教育理念和教学方法，与教师沟通孩子的学习问题和进展情况，共同制订适合孩子的学习计划和方法。

7.2.3　与同事沟通

在一个学校的教育教学中，教师之间需要密切合作，共同完成学生的教育任务。而良好的沟通关系是同事之间合作的基础。

首先，良好的沟通关系可以帮助教师更好地协调工作。当教师之间存在良好的沟通关系时，他们可以更容易地协调工作。他们可以讨论学生的进展情况，共同制订课程计划，解决教学中遇到的问题，并提出改进建议。他们可以互相帮助，在教学中互相支持，共同提高学生的学习成绩。

其次，良好的沟通关系有助于建立彼此的信任和尊重。教师之间需要建立信任和尊重，以便更好地合作。当教师之间有良好的沟通关系时，他们可以更容易地理解和尊重彼此的观点，并认识到每个人都是为了学生的利益而工作。这种信任和尊重可以促进教师之间更有效的合作，并建立更紧密的联系。

再次，良好的沟通关系有助于教师之间互相学习和提高。当教师之间有良好的沟通关系时，他们可以共享教学经验，相互学习，相互帮助。他们可以分享课堂教学方法、教学材料和资源，共同探讨教学难题，并通过互相学习不断提高自己的教学水平。

最后，良好的沟通关系可以提高教师的工作效率。当教师之间有良好的沟通关系时，他们可以更好地分配工作，避免重复工作，并在教学上取得更好的协作。这样，教师可以更好地利用时间和资源，提高工作效率，为学生提供更好的教育服务。

7.3　良好沟通关系的策略和技巧

良好的沟通关系需要在教师与学生、家长、同事之间建立起来。在与学生的沟通中，教师需要注意学生的年龄、性格、学习特点等因素，采用不同的策略和技巧，建立良好的互动关系。在与家长的沟通中，教师需要积极主动地与家长沟通，及时了解学生的情况和需求，共同为学生的发展提供支持和保障。在与同事的沟通中，教师需要尊重他人，合作共赢，建立良好的合作关系，共同促进教育教学的发展。

7.3.1　如何与学生建立良好的关系

（与学习困难学生、心理问题学生、优生的关系）

（1）尊重每个学生的个性和需求

教师应意识到每个学生都是独特的，有着不同的背景、兴趣和学习风格。他们可能具有不同的学习节奏和理解能力。因此，教师需要尊重学生的个性特点，以不同的方式与他们互动和教学。这包括了倾听学生的意见和观点，关注他们的需求，给予他们在学习中的自主性和选择权。

（2）给予积极的反馈和鼓励

教师应注重给予学生积极的反馈和鼓励，以增强他们的自信心和学习动力。当学生取得进步或表现更加努力时，教师应该及时给予认可和赞赏。这可以通过口头表扬、写下鼓励的便条或奖励等方式来实现。同时，教师也应当关注学生的潜力，帮助他们发现自己的优点和特长，并鼓励他们进一步发展和探索。

（3）多样化的沟通和交流方式

为了建立良好的师生关系，教师应采用多样化的沟通和交流方式。除了课堂上的互动，教师可以通过个别会谈、小组讨论、电子邮件、在线平台等途径与学生进行沟通。这种沟通方式可以帮助教师更好地了解学生的需求和关注点，并及时解决学生在学习上遇到的困难。此外，教师还可以利用技术工具，如在线问卷调查和反馈系统，收集学生的意见和反馈，以便更好地满足他们的学习需求。

（4）关注学生的情感变化和心理健康

高中阶段学生面临许多身心上的变化和挑战。教师应该关注学生的情感变化和心理健康，并给予必要的支持。这可以通过与学生建立信任关系、提供心理辅导和支持服务来实现。教师应倾听学生的感受和需求，关注他们的情绪变化，及时与他们沟通，并提供适当的支持和帮助。面对学习困难学生和心理问题学生，要倾听他们的心声，给予理解和帮助，积极引导他们走向正确的学习和生活方向。

特别要注意以下三类学生的交流沟通：

① 学习困难学生。

学习困难学生通常是在学习上遇到困难或表现不佳的学生。与学习困难学生进行沟通时，教师应采取以下策略：

a. 建立信任关系：通过关心和倾听学习困难学生的问题和困难，建立起与他们的信任关系。表达对他们的支持和鼓励，让他们感受到你对他们的关注和帮助。

b. 个别辅导：为学习困难学生提供个别辅导，针对他们的学习困难制订具体的解决方案。与他们一起制订学习目标，帮助他们建立有效的学习计划，并提供必要的指导和支持。

c. 鼓励合作学习：组织合作学习活动，让学习困难学生与其他同学互相学习和合作。这有助于学习困难学生在互动中获得支持和激励，并从同伴的经验中学习和进步。

d. 反馈和评估：给学习困难学生提供具体、及时的反馈和评估，帮助他们了解自己的学习进展和需要改进的方面。积极鼓励他们的努力和进步，以增强他们的学习动力和自信心。

② 心理问题学生。

心理问题学生可能面临着情绪困扰、焦虑、抑郁等心理健康问题。与这些学生进行沟通时，教师应注意以下策略：

a. 体现关怀和理解：以温暖和理解的态度与心理问题学生交流，传递关怀和支持的信息。建立安全、包容的学习环境，让他们感到被接纳和尊重。

b. 倾听和表达情感：积极倾听心理问题学生的感受和需求，给予他们足够的时间和空间表达情感。倡导他们寻求专业心理辅导和支持，并提供相应的资源和引导。

c. 灵活的教学安排：根据心理问题学生的需要，适当调整教学内容和方法。提供灵活的学习选项和任务，让他们在舒适和安全的环境中找到自己的学习节奏和成长节律。

d. 提供情绪管理和应对技巧：教授心理问题学生情绪管理和应对技巧，帮助他们应对压力和情绪困扰。这可以包括呼吸调节、放松训练、积极思考和问题解决等技巧，以增强他们的情绪稳定性和自我调节能力。

e. 联系学校心理咨询师或专业人士：与学校的心理咨询师或专业人士密切合作，共同关注心理问题学生的学习和发展。与专业人士共同制订适合学生的支持计划，并进行定期的跟进和评估。

f. 配合家庭和学校资源：与学生的家庭和其他相关部门（如心理健康服务）合作，共同为心理问题学生提供支持和帮助。建立学校与家庭之间的紧密联系，了解学生的家庭背景和支持情况，共同制订适合学生的学习和发展计划。

③ 优生。

优生是在学业上表现出色的学生。与优生进行沟通时，教师可以考虑以下策略，设立挑战性目标，与优生一起设立更高水平的学习目标，激发他们的学习动力和探索精神。提供有挑战性的学习任务和项目，鼓励他们超越自己，不断追求进步和创新。

a. 提供个性化的学习资源和扩展机会：为优生提供个性化的学习资源和扩展机会，满足他们的学习需求和兴趣。这可以包括独立研究项目、学术竞赛、专业导师指导等，帮助他们进一步发展他们的潜力和才能。

b. 鼓励合作与领导才能：培养优生的合作能力和领导潜力。促进他们与其他同学的合作学习和团队合作，帮助他们发展团队合作和沟通技巧，并承担领导角色，促进整体学习环境的积极性和创造力。

c. 提供深入探究机会：为优生提供深入探究的机会，引导他们进行独立探究和扩展学习。可以鼓励他们选择感兴趣的课题或领域进行深入研究，提供相应的资源和支持。教师可以担任导师的角色，提供指导和反馈，帮助优生规划和实施研究项目，并鼓励他们展示和分享研究成果。

d. 个性化的学术指导：对优生进行个性化的学术指导，了解他们的学习风格和需求。根据他们的学习特点，提供相应的学习方法和技巧，帮助他们更有效地学习和掌握知识。同时，教师可以提供定期的反馈和评估，帮助他们认识自己的优势和发展方向。

e. 鼓励创新和探索：激发优生的创新意识和探索精神，鼓励他们勇于尝试新的想法和方法。教师可以提供启发性的问题和挑战，引导他们思考和解决问题，培养创造性思维和解决复杂问题的能力。

f. 提供良好的学习环境和支持：为优生提供良好的学习环境和支持体系。这包括提供充足的学习资源、设备和技术支持，创建积极的学习氛围，鼓励学术交流和合作。教师还可以提供学习伙伴或同龄导师，促进学生之间的互相学习和支持。

g. 综合评价和认可：对优生的学业成绩和学术成就给予公正的综合评价和认可。这可以通过荣誉和奖励制度、学术竞赛的参与和获奖，以及学校和社区的表彰活动来实现。这样可以激励优生的学习动力，增强他们的自信心和成就感。

7.3.2 如何与家长建立良好的家校关系

热情友好地接待家长：在与家长的接触中，教师应展现出热情友好的态度。无论是在学校活动、家长会还是其他场合，教师都应主动向家长致以问候和微笑，展示出对家长的尊重和关注。

① 主动与家长交流。教师应主动与家长进行交流，以了解他们对学生的期望和关注点。可以通过面谈、电话、电子邮件、微信或QQ等途径与家长保持沟通，并回应家长的问题和疑虑。定期与家长交流学生的学习进展和表现，分享他们的成就和进步。

② 及时反馈学生的学习情况。教师应定期向家长反馈学生的学

习情况和表现。可以通过学生成绩单、学术评价报告等方式提供详细的学生学习信息。同时，教师还可以定期与家长开展学生学习进展会议，共同探讨学习成绩、学习困难和改进计划等。

③ 鼓励家长参与学生的学习和活动。教师应积极鼓励家长参与学生的学习和活动，可以邀请家长参观学校、观摩课堂、参加学生的展示活动等。通过这种方式，家长可以更好地了解学生的学习环境和学校的教育理念，同时也可以为学生提供额外的支持和帮助。

④ 寻求共同解决方案。对于学习困难或家庭问题较多的学生，教师应及时与家长取得联系，共同寻求解决方案。可以安排个别交谈机会或电话交流，了解问题的具体情况，并制订相应的计划和措施。教师应展现出理解和关心的态度，与家长一起合作，为学生提供最佳的支持和帮助。

⑤ 倾听家长的建议和意见。在家长会、家庭访问等场合，教师应认真倾听家长的建议和意见。这些反馈可以是对教学方法、学生管理或课程设置的建议。教师应积极采纳有效的建议，并及时调整自己的教学方式和方法，以满足学生和家长的需求。

其实反过来，家长更有必要积极与老师建立良好的沟通关系，特别是自己孩子崇拜的老师。青春期孩子的教育让很多家长犯怵。孩子在这个阶段最容易和朝夕相处的父母对着干。当家长试图用自己的力量去影响孩子、教育孩子时，就会发现效果大不如前了。提供一个思路：找到你的替身。好好想一想，谁能代表你教育他？最好是他崇拜的老师。家长要跟孩子最崇拜的老师搞好关系，就能把你的一些想法转变成孩子最崇拜的老师的想法去影响他，这条路径是最短的。

青春期孩子的教育对于许多家长来说是一个挑战。当孩子在这个阶段，父母的影响力减弱，寻找一个替身来帮助教育孩子可以是一个有效的策略。以下是关于如何找到替身并与孩子崇拜的老师建立良好关系的思路：

建立积极的沟通渠道：与老师建立起积极的沟通渠道是关键。参加家长会、家长与老师面谈、参与学校活动等都是与老师进行交流的良好机会。表达对老师的赞赏和支持，关注孩子在学校的表现，主动与老师交流关于孩子的进展和问题。

尊重和信任老师：表达对老师的尊重和信任，认可他们的专业知识和经验。相信老师在教育方面的专业能力，展示出家长与老师之间的合作态度，愿意与老师共同为孩子的教育发展努力。

了解学校和课程：了解学校的教育理念、教学方式和课程设置，以便与老师有更具体的交流和合作。主动了解孩子所学科目的教学内容和学校的教学目标，以便更好地支持孩子在学校的学习和发展。

寻求共同目标：与老师讨论孩子的学习目标和发展需求，共同制订计划和策略。了解老师对孩子的评价和建议，与老师一起探讨如何帮助孩子充分发挥潜力，提供额外的支持和资源。

反馈和合作：及时向老师提供孩子在家庭环境中的情况和进展，与老师分享孩子的兴趣爱好、家庭背景和特殊需求等信息，以便老师更好地了解孩子的个性和特点。与老师建立合作关系，共同制订适合孩子的教育计划和方法。

7.3.3　如何与同事建立良好的合作关系

建立有效的沟通渠道：确保与同事之间有畅通的沟通渠道，以便及时分享信息、交流想法和经验。除了常规的团队会议和电子邮件，可以利用即时通信工具（如QQ群或微信群）创建专门的沟通群组，方便快速沟通和共享资源。

① 尊重和赞赏同事的工作。

在与同事的互动中，表达对他们工作的赞赏和感谢。通过公开承认同事的成就和贡献，建立积极的工作氛围。同时，尊重同事的专业知识和经验，愿意倾听他们的意见和建议。

② 主动提供协作与资源分享。

积极主动与同事合作，共同解决问题和挑战。提供协助和支持，分享教学资源、课程设计和教学经验。建立共同的目标和计划，共同努力，以达到更好的教学效果。

③ 接纳和尊重不同的意见和观点。

鼓励开放的讨论和思想交流，尊重和包容同事的不同意见和观点。通过多样化的观点和想法，可以激发创新和改进教学方法。在讨论中寻求共识，并为不同观点提供一个安全的环境。

④ 互相帮助和支持。

对于需要帮助的同事，积极主动提供互助和支持。共享解决问题的方法和策略，分享成功的经验和最佳实践。相互支持，共同成长，使合作成为一种互相促进的机制。

⑤ 尊重个人空间和时间。

在合作关系中，尊重同事的个人空间和时间是非常重要的。避免在非工作时间或私人空间过度干扰他们，尊重他们的休息和隐私需求。确保合适的沟通时间和方式，以避免给同事带来不必要的压力和干扰。

⑥ 营造友好的工作氛围。

积极参与团队建设活动，庆祝节日和共同的成就，营造友好和融洽的工作氛围。鼓励同事之间的合作和互动，增进彼此的了解和信任。

案例1
打扫卫生的动员沟通案例

亲爱的同学们：

在我们共同学习的道路上，今天我想和大家分享一个重要的话题——教室的卫生问题。一个整洁的教室对大家的学习成绩和个人发展起着至关重要的作用。

教室的环境布置是教育过程中最关键的一环。教室的布置过程实际上是老师教育和同学们学习成长的过程。通过打扫教室卫生这个看似小事的行动，不仅可以培养发现问题和解决问题的能力，更能够反映大家对学习和生活的态度。今天，作为我们第一次见面的机会，我不打算召开班会、发表演讲，也不准备选举班级干部或制订班规。相反地，我希望我们一起做一件事——劳动。具体而言，就是打扫我们的教室。在接下来的三年里，我们将在这间教室中度过一千多个日日夜夜。因此，我希望每个人都能积极参与，亲手打造一个温馨、大气、优雅且整洁的学习环境。只有在这样的环境中，大家才能更加自律、专注和高效地学习。现在，根据大家目前自由选择的座位，我将大家分成不同的小组：1组负责清除墙角的蜘蛛网和灯具、空调上的灰尘；2组负责清洁墙面上的各种污渍和废旧海报；3组负责清理地面上的死角；4组负责整理教室内的墙角；5组负责清洁铁皮书柜；6组专门负责讲桌和讲台；7组负责清洁教室外墙和窗户玻璃。整个教室不能有一个被忽视的角落。可以使用扫帚打扫地面，可以用拖把拖地，可以用钢丝球擦洗地面，也可以用小刀清除污渍。擦拭污渍时，可以使用洗衣粉或洗手液。如果发现铁皮书柜上留有以前同学的字迹，可以想办法擦除。在整个劳动过程中，可以跪着、趴着、蹲着，也可以借助桌子和椅子站得更高。在擦拭桌子时，可以选择与同学合作，共同解决问题。如果遇到困难，可以一边尝试一边寻找解决问题的方法，或者与同学们讨论并共同找到解决方案。总之，希望大家能够以最有效的方式完成任务。

在劳动过程中，我将深入到每一个小组，逐一检查并提出相应的卫生标准。我也会亲自示范，并与大家一起探索更好的解决问题的方法。通过这次劳动，同学们将积累宝贵的经验，共同合作完成任务，同时也能够探索解决问题的新途径。这个过程的教育意义更为深远，它让学生们能够通过任务感受到我作为老师的处事风格和教育要求。很多年前班级中的学生即使如今已经取得博士学位，提起高中生活时仍然会谈及第一天见到我的印象。他们回忆起，尽管当时我没有大谈特谈教育理念和常规要求，但从当时教室的卫生整理中，他们可以看出我对每件事情的要求非常高，几乎追求完美；他们感受到我做事认真踏实、雷厉风行；他们认识到我拥有丰富的生活经验，善于动脑筋；他们还感受到我的行事风格独特。因此，从那天起，他们几乎能够精确推测出每一件小事需要做到什么程度才能符合我的要求。在日后的学习生活中，他们都会严格要求自己。他们也理解，老师对班级卫生这样微小的事情都如此认真和严谨，那么对于高中三年的学习活动，老师的要求将更加严格。

正是在全班同学共同努力下，我们共同打造了一个温馨、大气、优雅且整洁的教室环境。在这样的环境中学习，将使每位同学更加自律、专注和高效。一个整洁的教室不仅仅是为了美观，更是为了提供一个优质的学习环境，激发同学们的学习潜力和创造力。我们每个人都应该意识到自己对教室环境的责任，从小事做起，保持教室的整洁和卫生。让我们每个人都积极参与到维护教室环境的行动中来，共同创造一个更好的学习氛围。最后，老师希望我们班级的同学们能够从这次劳动中深刻体会到团结合作的力量。通过共同努力，我们能够完成一项看似微小但却非常重要的任务。这种团队合作的经验将对大家今后的学习和生活产生积极的影响。同时，老师也希望通过这次劳动，同学们能够培养严谨认真的学习习惯和处事风格。每个人都能够从小事做起，做到最好，不仅在学习上追求卓越，在生活中也注重细节和质量。这样的态度和习惯将伴随我们成长，并为我们的未来奠定坚实的基础。

案例2
打扫卫生后的总结沟通案例

同学们：

在今天的卫生打扫过程中，我看到了大家想尽各种办法去除污渍、展现合作精神、积极交流和沟通的场景。这些精神和做法是我们在日后学习过程中也需要延续和运用的。首先，让我们将去除污渍的决心和毅力延续到学习中。就像我们今天用尽全力清洁教室一样，应该对学习抱有同样的热情和投入。面对知识的难题和困扰，要勇于挑战，不断寻找解决问题的办法，不放过任何一个细节。通过持之以恒的努力和不懈的奋斗，我们将能够克服学习上的难点和困难，取得更大的成就。其次，合作精神是我们在学习中必不可少的品质。就像今天大家一起合作打扫卫生一样，应该学会与同学们合作、共同探讨和解决学习中的问题。通过互相帮助、分享思路和经验，我们可以更快地进步，相互促进。同时，合作也培养了大家的团队意识和领导能力，这对大家日后的发展和工作也非常重要。此外，积极交流和沟通的能力对我们的学习和成长同样至关重要。

在今天的卫生打扫过程中，大家相互交流、讨论并共同解决问题。这种开放和积极的沟通方式能够促进学习和思考，帮助大家更好地理解和吸收知识。因此，我们要勇于提出问题、分享想法，并与同学们进行深入的交流，从中获得更多的启发和帮助。最后，我们要将对细节的关注和追求升华到学习的每一个环节。正如今天在清洁过程中注重每一个细节一样，在学习中也要注重细节。无论是做笔记、完成作业还是参加考试，我们都要注重细致入微，确保每一个环节都做到极致。只有通过精益求精的态度和对细节的关注，才能够取得更好的学习效果，获得更大的成就。

通过今天的劳动，大家共同努力打造了一个整洁而舒适、温馨而大气、优雅且适用的教室环境。它是我们自己创造出的一个让每个人都感到自豪和舒适的学习空间。然而，保持这份劳动成果并非仅靠一次的集体努力，而是需要我们每个人的持续关注和行动。为了保持今天的卫生劳动成果，我想提出一些建议给大家。养成良好的卫生习惯：从今天开始，让我们每个人都养成良好的卫生习惯。不仅在教室内，也包括在生活的各个方面。保持个人卫生，保持环境整洁，将这些习惯贯穿到我们的日常生活中。分工合作，共同承担责任：我们可以将教室卫生分工给每个人，轮流担任卫生值日生，确保每天都有人负责教室的清洁工作。同时，我们也可以建立一个相互监督的机制，确保每个人都履行自己的责任。及时清理垃圾和杂物：如果发现教室中有垃圾或杂物，请及时清理。不要等待别人来做，我们每个人都有责任保持教室的整洁。记住，小事不积，大事难成，只有每个人都尽力做到，才能保持整体的卫生状况。

通过我们每个人的努力和持续关注，我们可以保持今天的卫生劳动成果，并营造一个持久良好的学习环境。让我们珍惜这份劳动成果，让它成为我们共同努力的见证和激励，同时也是我们为自己和他人创造美好学习体验的承诺。同学们趴在书柜上、跪在桌上、蹲在地上清除污渍的样子真的很可爱。大家以最真挚的付出，尽力去除墙角的蜘蛛网和灯具空调上的灰尘，没有一个角落被忽略。大家用扫帚、拖把、钢丝球和小刀等工具，尽最大努力擦拭地面和清理墙面上的污渍和废旧海报。你们的姿势或许不舒适，但大家的坚持和努力展现了对工作的极致追求。还有那些勇于创新和合作的同学们，大家以自己的方式，想方设法擦除铁皮书柜上以前同学留下的字迹，用洗衣粉或洗手液巧妙地清洁污渍。大家借助桌子和椅子站得更高，以更好的角度擦拭桌子，同时同学们相互合作，共同解决问题。大家的智慧和团队合作精神展现了大家成熟和卓越的能力。

在整个劳动过程中，我深入到每一个小组，看到了大家的认真努力和卓越表现。大家不仅完成了任务，更通过总结经验、合作完成任务、探索解决问题的方法，迅速融入了我们的班级集体。这次劳动不仅给大家带来了整洁的教室，更培养了大家的团队意识、创新思维和解决问题的能力。这种认真做卫生、认真做事的态度不仅在卫生打扫中有所体现，更是大家在日常学习和生活中的品质。大家展现了对任务的责任心和自我要求，这将成为大家成长道路上的重要优势。大家认真打扫卫生的态度，折射了大家对细节的关注和追求卓越的精神。大家不仅仅是在清洁教室，而是在培养自己的修养和价值观。大家以跪着、趴着、蹲着的方式，展现了对细小事物的关注和尊重。大家用心地擦拭墙角的蜘蛛网和灯具空调上的灰尘，用小刀细致地清除污渍，用洗衣粉和洗手液精心擦拭墙面，用各种创新的方式清洁铁皮书柜和讲桌。这些做法不仅体现了大家的努力和细致，更展示了大家对待每一个细节的用心和追求卓越的精神。

我深信，大家在这次卫生打扫中的认真态度将对大家今后的学习和事业产生深远的影响。大家已经体验到了努力付出所带来的成就感和自豪感，也明白了只有通过对细节的精雕细琢，才能创造出卓越的成果。这种精神将使大家在学习中更加专注，对待每个任务更加严谨，追求卓越的品质将贯穿于学业和事业的方方面面。为大家的认真态度和优秀表现感到骄傲，并希望能将这份精神延续下去。继续保持对待学习和事务的认真态度，用心对待每一个细节，勇于创新和探索，不断追求卓越。相信大家定能取得更大的成就，并成为引领未来的优秀人才。大家展现了团结合作、创新探索和对任务的责任感，这些品质将成为大家未来成功的基石。相信大家在以后的学习过程中，也能将打扫卫生的精神延续到每一个学科、每一项任务中。像清理墙角、清洁墙面一样，可以用同样的毅力和耐心解决数学问题、探索科学原理、研究历史事件，做到每一个细节的极致。通过思考、合作和交流，将能够更好地理解知识、掌握技能，取得更出色的成绩。同时，大家也要将这种认真做事的态度应用到日常生活中。无论是与人沟通交流、参与社区活动还是承担家庭责任，都要展现出同样的专注和努力。通过细致入微的付出和追求卓越的努力，大家将成为品质卓越的人，对自己、对他人、对社会都能产生积极影响。

在高中这个重要的成长过程中，我将一直支持大家、鼓励大家，并提供必要的指导和帮助。我相信大家拥有无限的潜力和能力，只要大家坚持不懈地追求卓越，就一定能够取得非凡的成就。大家认真做卫生、认真做事的态度已经超越了打扫教室的范畴，成为大家成长的力量和信念。愿大家在学习和生活中继续保持这份热情和坚持，为实现自己的梦想奋斗不止！

案例分析 ┄┄┄┄┄┄┄┄┄┄┄┄┄┄┄┄┄┄┄┄┄┄┄┄┄┄┄┄┄┄┄┄

　　养成良好的生活习惯对学生的学习成绩提升具有重要的影响。当学生通过打扫卫生等每一件小事养成事事有交代、事事有回应的习惯时，他们将逐渐培养起责任心和担当精神。这种责任心和担当精神不仅在日常生活中表现出来，也会延伸到学业上。

┄┄┄

　　培养自律性：通过养成良好的生活习惯，例如按时起床、保持整洁、按时完成作业等，学生将逐渐培养起自律性。自律性是学生在学习过程中必备的品质，它使他们能够坚持学习并按时完成任务，避免拖延和浪费时间。这种自律性的培养将有助于学生提高学习效率，更好地管理时间和资源，从而提升学习成绩。

　　培养责任心：通过参与生活中的小事情，如打扫卫生、组织活动等，学生可以培养起责任心。责任心是指对自己的行为和承诺负责任的态度和意识。当学生意识到他们的行为和选择会对自己和他人产生影响时，他们会更加认真对待并积极完成学习任务，不断提高自己的学习水平和成绩。

　　培养团队合作意识：通过生活中的小事情，学生还可以培养团队合作意识。例如，在集体活动中，学生需要协作解决问题、分工合作等。这种团队合作的经验将帮助学生在学习中更好地与他人合作，共同学习和取得进步。学生通过合作学习，可以相互促进、相互学习，不断提升自己的学习成绩。

　　所以，三年期间我们一起完成的诸如教室卫生打扫的每一件小事都可以说是一种无声的教育，孩子们逐渐养成了认真对待每一件小事的习惯，更别说是对待学习这件最重要的事情。有序的书籍摆放、整齐的桌椅摆放给人很强的秩序感和安心读书的氛围。为了把课桌摆放得很整齐，负责课桌摆放的同学想出了以教室墙面的瓷砖缝隙形成的线条作为标准对齐，有时也用地面的各种缝隙作为标准。负责黑板和饮水机的同学，不仅清楚学校对于这两个地方的评分标准，还会主动培训值日的同学使用几分干湿的抹布擦拭效果最好。负责卫生角垃圾桶的同学会给全班同学立下规矩，如流体垃圾等不能扔班上的垃圾桶而应该扔到厕所，由于读报课时间，学校的卫生部会随时检查各个班的垃圾桶中的垃圾倾倒情况，为了避免引起没有倾倒垃圾的误会而导致班级扣分，班干部会建议同学每天在读报课结束之后才扔垃圾到垃圾桶。风扇空调电灯电脑的开关都有专人负责，黑板报的设计和创作也会按照每月学习要求的主题完成，值日生和卫生小组也会在上一天完成时主动找人交接给下一天的相关人员，每一件小事都让同学们养成事事有交代、事事有回应的习惯，在所谓的小事中去培养学生的责任与担当。除此之外，对学生仪容、仪表的严格要求会使学生从生活细节中学会自我约束。住校生的管理对班级班风学风和班级成绩有不可低估的影响，所以住校生寝室纪律管理与要求至关重要，定期给住校生开会，讲问题、找改进方法，从高一高二自己给自己评分、同学们互评、无记名投票、对所有学生进行晚间寝室讲话厉害程度的排序等等。经过三年的习惯培养，学生会逐渐拥有责任心和担当精神。这种责任心和担当精神和自主自律的习惯不仅在日常生活中表现出来，还会延伸到学习上，对学生学习成绩的提升起到极其重要的作用。所以，有经验的高中班主任都深知"抓成绩先抓常规管理"的重要性，化学老师也不例外。

案例3
高一新生听课指导的沟通案例

同学们，作为刚刚进入高中的学生，将面临新的学习环境和挑战。为了帮助大家尽快适应高中的学习，掌握高效的学习方法，我将向大家介绍一些重要的技巧和建议。

首先，要注意高效听课。在课堂上，需要全神贯注地听老师讲解。使用眼睛专注地盯着黑板，用耳朵认真聆听老师的讲解，用心动脑筋思考老师的推演思路。同时，要敢于回答老师的提问，积极参与课堂互动。这样的全身感官参与能够提高课堂的专注度，促使我们更好地理解和吸收知识。

其次，记笔记是非常重要的学习技巧。在课堂上，同学们应该在理解的基础上用自己的话书写笔记。记笔记的时候，要注意讲解格式和排版。通过结构化、框架化和条理化的笔记，同学们能够使所学的知识逻辑分明、层次清晰。记笔记不仅有助于复习回顾，还能够帮助我们加深对知识的理解和记忆。

同时，草稿纸的使用也是一种非常好的学习方法。草稿纸可以用来写下记忆背诵的内容，以便检查自己记忆的准确性。它也可以用来推理和梳理思路，使我们的思维过程更加清晰。如果在课堂上遇到了暂时没理解的内容，同学们可以用红笔在草稿纸上记录下来，以便在合适的时候请教老师。草稿纸的充分利用可以提高我们的课堂专注度，大大提高学习效率，取得更好的学习效果。

同学们，进入高中阶段，学习的难度和压力会逐渐增加。

但是，只要我们掌握了高效的学习方法，就能更好地应对挑战。通过全身感官的协调使用，高效听课，规范记笔记，并充分利用草稿纸，同学们能够提高学习的专注度和效率，增强对学科的胜任感和成就感。这将进一步激发我们对学习的兴趣，提高学习效果，同时也能够提高课下完成作业的效率。

案例4
关于高一新生课后作业答案订正指导的沟通

今天大家完成了高中的第一次课后作业。老师把课后作业的答案也分发给了大家。我们聊聊课后作业的答案怎么使用更合理。首先，大家要明白，高中的学习方式因为高中科目繁多、知识难度大、能力要求高等特点导致了高中学习与初中学习有了很大的差别。如果你还沿用初中的某些老办法，高中的学习可能就会让你感到很吃力了。初中老师可能会督促着你去做作业，做完了立即收上来批改，然后又在下节课上挨个评讲纠错，这在高中可能会很难实现。因为高中的学习内容繁多，很多时候会采取学生自己订正答案，再根据自己的情况去请教"书—同学—老师"的过程。完成作业后，仅仅等待老师的批改是不够的。通过自己对照参考答案，找出知识漏洞和错误的原因，可以帮助大家发现自己的问题并及时加以改正。换言之就是，要养成自主学习的习惯，独立思考和查阅学习资料和参考答案，如果在这种情况下还不明白自己题目做错的原因，无法解决自己遇到的问题，就要去主动请教班上的其他同学。如果同学也解决不了问题，这时可以向老师请教和学习。这样的思想意识能够提高解决问题的主动性，培养自我负责的习惯，让学习变得更加主动和积极。自我订正过程对大家的学习效果和自主学习能力的提高都有积极的影响。所以，务必认真对待每一次作业订正的机会，从中汲取经验教训，不断提升自己的学习水平。当遇到自己无法独立解决的问题时，与周围的同学进行讨论和交流，这不仅有助于解决问题，还能促进彼此之间的学习和合作。

"书—同学—老师"的请教程序还可以提高高中学习的效率。

另外，我想强调的是在处理课后作业时避免照抄答案。课后作业是巩固和应用知识的重要环节，通过完成作业，能够加深对知识的理解和记忆。然而，如果仅仅照抄他人的答案或者直接从教辅资料上找到答案，那么就无法真正掌握知识和培养解决问题的能力。

老师发放的教辅资料中的答案是给大家订正答案和自主学习使用的，而不是供直接照抄的。首先，照抄答案没有经过自己的思考和理解，无法真正掌握知识。其次，照抄答案会让大家错失了解决问题、培养创造力和独立思考能力的机会。最重要的是，照抄是一种不诚实的行为，违背了学术道德和诚信原则。

因此，大家在处理课后作业时要坚决摒弃照抄答案的做法。相反，要利用教辅资料和参考答案来进行自我订正和学习提高。如果遇到困难，可以主动请教同学或老师，寻求正确的解决方法和指导。这样，同学们将更好地理解知识、培养解决问题的能力，并且树立起诚信学习的态度和价值观。

案例分析

上面是对高中学生课后作业答案订正的指导和沟通。班主任和学科教师应该注意加强对学生课后作业的指导和监督。同时，建立良好的沟通渠道，了解学生的作业情况，避免作业量过大或超量的问题出现。对课后作业的答案使用有偏差的学生给予及时的指导和交流沟通，帮助他们建立高中学习的良性循环。

案例5
关于高三适应期家长出现焦虑现象的沟通案例

亲爱的家长们，第一次当高三家长，对于孩子在这个阶段所面临的适应期和挑战充满了焦虑和质疑。

进入高三，学生们会经历一个重要的适应期。随着考试题目难度的上升，学生的分数可能会瞬间下降，这给家长们带来了焦虑和担忧。但请您明白，孩子们的能力提升需要慢慢锻造，题目难度和学生能力之间的差距对孩子们的学习节奏和心态调整提出了较高的要求。作为家长，需要保持冷静和耐心。这个适应期对于孩子和家长都是新的挑战，都需要适应新的学习环境和要求。不要过度焦虑和质疑，而是要相信孩子们的潜力和能力。他们需要时间来逐渐适应和提升自己。

同时，我们需要多找方法并给孩子们实在的指导。了解孩子在学习上的困难和问题，与他们一起制订科学的学习计划。同时，鼓励孩子们主动寻找学习方法和策略，帮助他们建立自信心和解决问题的能力。请记住，学习是一个积累和提高的过程，他们需要时间和经验来逐渐适应新的学习内容和要求。另外，老师是孩子学习的重要指导者，需要了解他们的教学方法和学科要求。与老师保持密切的联系，了解孩子在学校的表现和需要改进的地方。通过家长与老师的合作，我们可以更好地支持孩子们的学习和成长。

在解决问题的过程中家长们也要注意鉴别网络上的一些指导方法。网络上的信息繁多，有些方法可能并不适合每个孩子。因此，需要根据孩子的实际情况和个性特点，选择适合他们的学习方法和策略。请多倾听孩子的声音和需求，因为他们最了解自己的学习方式。最重要的是，要鼓励孩子们坚持努力并保持积极的心态。高三是一个紧张而充满挑战的阶段，孩子们可能会遇到各种困难和挫折。作为家长，我们需要给予他们无条件的支持和鼓励。高考成绩固然重要，但它并不能完全定义一个人的价值。要让孩子们明白，努力和成长的过程同样重要。鼓励他们树立正确的学习观念，注重全面发展。但是也要给予孩子们适当的压力和目标。适当的压力可以激发孩子们的潜力，但过度的压力则会造成焦虑和压力过大。与孩子沟通，了解他们的能力和心理承受能力，制订合理的学习目标。帮助他们制订计划，分解任务，逐步完成，以避免过度焦虑和压力。

最后，还要关注孩子们的身心健康。高三学习紧张，孩子们可能会面临睡眠不足、饮食不规律等问题。所以要鼓励他们保持良好的生活习惯，合理安排作息时间，均衡饮食，适当进行运动和放松活动。同时，关注孩子们的心理健康，及时发现并妥善处理可能出现的焦虑和压力问题。

第 **8** 章

教学工具和资源的利用

8.1　教学工具和资源

高中化学教学中使用的工具和资源主要分为以下几个类别。

（1）实验室仪器和工具

烧杯、量筒、烧瓶、试管等基础实验器材；温度计、电子天平、pH 计等测量仪器；不锈钢双蒸馏装置、恒温槽等高级实验设备；化学试剂和溶液。

（2）演示工具和模型

① 分子模型：用来演示分子结构和化学键的模型，包括球棍模型和空间充填模型等。

② 示范仪器：如示波器、电解槽等，用于演示电化学反应、氧化还原反应等。

（3）数字化教学资源

① 电子教科书：提供化学理论知识、实验指导和练习题等内容的电子教材。

② 多媒体课件：包括幻灯片、动画、视频等形式，用于讲解化学概念和实验过程。

③ 在线模拟实验：通过虚拟实验室软件或在线平台，学生可以进行模拟实验，观察和探索化学现象。

④ 学习平台和应用程序：提供在线化学学习资源、练习题、学习工具和互动学习环境等。

（4）辅助教学工具

模型和示意图：用于展示分子结构、晶体结构、化学键的形成等。

（5）参考书籍和期刊

① 高中化学教科书：提供全面的高中化学知识，包括理论和实

验内容。

② 化学参考书：提供更深入和专业的化学知识，如有机化学、物理化学、分析化学等方面的教材和参考书籍。

③ 化学期刊：提供最新的化学研究成果和实验方法，供教师和学生参考和学习。

教育领域的发展和科技的进步使得教学工具和资源不断更新和演变。作为教师，了解和学习常见的教学工具和资源可以帮助他们与时俱进，跟上教育发展的脚步。通过持续学习和应用新的教学工具和资源，教师可以提高自己的教学能力和适应新的教学要求。常见的教学工具和资源可以提供个性化的学习体验。了解和学习这些工具和资源可以帮助教师为学生提供更具针对性的学习内容和活动，满足学生的个体差异和需求。通过灵活运用教学工具和资源，教师可以促进学生的主动学习和自主发展。教学工具和资源的不断发展和更新促使教师在教学中保持创新和更新。了解和学习常见的教学工具和资源可以帮助教师了解最新的教学技术和方法，并引入新颖的教学策略。通过尝试新的教学工具和资源，教师可以激发学生的兴趣，提升教学的吸引力和效果。适当使用教学工具和资源可以提高教学效果。例如，实验室仪器和工具可以让学生亲身参与实验，提高实践能力和理解深度；数字化教学资源可以通过图像、动画和视频等形式直观地呈现抽象的概念，帮助学生更好地理解和记忆。通过了解和学习这些工具和资源，教师可以选择合适的教学工具，提高学生的参与度、学习效果和成绩表现。学生在学习过程中具有不同的学习风格和能力，因此使用多样化的教学工具和资源可以提供更丰富的教学手段。通过了解和学习常见的教学工具和资源，教师可以拓展自己的教学方法和策略，满足不同学生的需求，提供更灵活和多样的教学体验。

8.2 教学工具和资源对化学教学的意义和价值

8.2.1 提升学习效果

教学工具和资源能够以直观、生动的方式呈现化学概念、实验过程和化学现象，帮助学生更好地理解和掌握知识。多媒体课件、模拟实验和示意图等能够激发学生的学习兴趣，提高学习效果。

科学合理使用教学工具和资源能提供视觉呈现效果。多媒体课件、模拟实验和示意图等教学工具和资源通过图像、动画和视频等形式，能够直观地展示抽象的化学概念和现象。学生可以通过视觉感知和观察，更容易理解抽象概念，形成对化学知识的图像化记忆。

教学工具和资源的生动呈现方式能够激发学生的学习兴趣。通过多媒体课件和模拟实验，学生可以参与互动的学习体验，更加主动地探索化学世界。这种活跃的学习环境能够激发学生的好奇心和求知欲，提高他们对化学的学习积极性。

教学工具和资源能够帮助学生深入理解化学概念。通过示意图、分子模型等工具，学生可以更好地理解分子结构、化学键以及化学反应的机理。这种直观的呈现方式有助于学生建立起对化学概念的准确和深入的理解。

模拟实验和演示工具使学生能够亲自参与实验过程，尽管在虚拟环境中。学生可以操作虚拟仪器，进行实验设计和观察结果。这样的实验体验帮助学生加深对化学实验原理和实验步骤的理解，提高他们的实验技能和实验思维。

教学工具和资源可以促进化学与其他学科的整合，促进跨学科整合。教学工具和资源的使用可以促进跨学科学习。化学作为一门综合性科学，与其他科学领域有着紧密的联系。通过使用跨学科资源和工具，学生可以探索化学与生物学、物理学、环境科学等其他科学领域的交叉点，深入理解不同学科之间的关系和相互作用。这样的学习经验培养了学生的综合思考和问题解决能力。通过多媒体课件和示意图，学生可以看到化学与生物学、物理学、环境科学等学科之间的关联和交叉点。这有助于学生更好地理解化学在实际生活和其他领域中的应用。

8.2.2　增加实践体验

实验室设备、器材、模型和示范仪器等能够提供实践操作和观察的机会，让学生亲自参与化学实验和观察，培养他们的实验技能和观察能力。这种实践体验有助于加深对化学原理和概念的理解，培养学生的实验思维和科学方法论。

实验操作是化学学习中不可或缺的一部分。通过亲自参与实验，学生能够理解和应用化学原理、掌握实验技巧，并培养实验中的观察能力。实践操作可以使学生更深入地理解化学概念，加强对化学原理的记忆和理解。

实践体验有助于培养学生的实验思维。在实验过程中，学生需要观察、推理和分析，思考实验现象的原因和背后的化学原理。通过实验的实际操作和观察，学生可以培养科学探究和实验设计的能力，加深对科学方法论的理解。

实践体验为学生提供了探索和发现的机会。在实验过程中，学生可以观察现象、记录数据、分析结果，并从中发现规律和关联。这种探索性的学习方式可以激发学生的好奇心和求知欲，培养他们的独立思考和问题解决能力。

实践体验也能够培养学生的安全意识和实验室操作技能。在实验室环境中，学生需要学习并遵守安全规范，正确使用实验器材和化学品，预防事故的发生。通过实践操作，学生能够培养实验室安全意识和操作技能，提高化学实验的安全性。

实践体验有助于将理论知识与实际应用相结合。通过实验操作，学生可以将书本上的化学概念与实际情境进行联系，加深对化学原理的理解。实践体验还可以帮助学生理解化学在日常生活、工业生产和科学研究中的应用，培养学生将所学化学知识应用于实际解决问题的能力。

8.2.3 培养探究能力

教学工具和资源能够鼓励学生进行主动的探究和独立思考。通过在线模拟实验和学习平台等，学生可以进行自主实验设计和探索，培养他们的问题解决能力、实验设计能力和科学探究能力。

教学工具和资源提供了学生进行自主学习和探索的机会。通过在线模拟实验和学习平台，学生可以选择自己感兴趣的主题，自主制订学习计划，并进行实验设计和探索。这种自主学习和探索的过程鼓励学生主动思考、提出问题，并通过自己的努力找到答案。

探究性学习强调学生提出问题和解决问题的能力。通过教学工具和资源，学生可以积极参与问题的提出、假设的建立、实验的设计和数据的分析。这样的实践过程培养了学生的问题解决能力，使他们能够独立思考和解决复杂的化学问题。

探究性学习注重学生参与实验设计和探索的过程。通过教学工具和资源提供的在线模拟实验平台，学生可以自主设计实验方案、选择变量和控制条件，并进行实验操作和数据分析。这样的实践锻炼培养了学生的实验设计能力，使他们能够灵活运用科学方法进行实验研究。

科学探究是培养学生科学思维和科学素养的关键。教学工具和资源提供了多样化的学习材料和研究资源，鼓励学生进行科学探究和科学研究。学生可以通过查阅文献、进行实验观察和数据分析等方式，深入探究化学现象和问题，培养他们的科学探究能力和批判性思维。

探究性学习培养学生的创新思维能力。通过教学工具和资源的使用，学生可以进行创新性的实验设计和数据分析。在科学探究的过程中，学生需要运用创新思维，尝试不同的方法和途径来解决问题或达成目标。他们可能需要设计新的实验方案、改进已有的方法、提出新的观点或理论等。这种创新思维的培养有助于学生在化学领域中发现新的现象、解决实际问题或开展独立的研究。

探究性学习鼓励学生以批判性的眼光评估和分析科学信息。通过使用教学工具和资源，学生可以学会评估实验结果的可靠性、比较不同实验方法的优缺点、分析实验数据的有效性等。这样的批判性思维培养了学生对化学知识和实验结果的深入理解和准确评估能力。

教学工具和资源还可以促进学生之间的合作与交流。学生可以共同参与模拟实验、讨论实验设计、分享观察结果，并通过合作解决问题。这种团队合作的经验培养了学生的沟通能力、合作精神和团队合作能力，有助于他们在未来的科学研究或工作中与他人合作。

8.2.4　个性化学习支持

教学工具和资源可以提供个性化的学习支持。学生可以根据自己的学习进度和需求，在线学习和练习，根据反馈进行自我评估和调整。这种个性化学习支持有助于满足不同学生的学习差异，提高学习效率和学习成果。

教学工具和资源提供了学生自主学习的机会。学生可以根据自己的学习节奏和理解能力，选择适合自己的学习材料和学习路径。他们可以自由地探索和学习新的概念和知识，不再受限于传统教室中的统一进度。这种自主学习的方式使学生能够更好地掌握学习内容，避免了对知识的简单表面理解。

教学工具和资源通常提供即时的反馈和自我评估功能。学生可以通过在线练习、测验和模拟实验等活动，获取即时的反馈和评估结果。这样的反馈帮助学生及时了解自己的学习进展和理解程度，并针对性地调整学习策略和重点。学生可以根据自己的评估结果进行有针对性的复习和强化学习，提高学习效果。

教学工具和资源可以根据学生的学习需求和兴趣提供个性化的学习资源和支持。学生可以根据自己的兴趣选择相关的学习材料和案例研究，从而更加主动地参与学习过程。教学工具和资源还可以根据学生的学习历史和表现，提供个性化的学习建议和推荐，帮助学生找到适合自己的学习路径和方法。

　　每个学生的学习方式都是独特的，他们在理解速度、学习风格和兴趣方面存在差异。教学工具和资源可以根据学生的个体差异，提供有针对性的学习支持。例如，学生可以根据自己的需求选择不同难度级别的学习材料，或者利用在线学习平台进行个性化的学习计划。这种个性化的学习支持有助于弥补学生的学习差异，提高学习效率和学习成果。

8.2.5　拓宽学习资源

　　教学工具和资源可以拓宽学生的学习资源。通过电子教科书、参考书籍和期刊等，学生可以接触到更多的化学知识和最新的研究成果，拓展他们的学习视野和深度。

　　电子教科书是一种数字化的学习资源，通过电子设备如平板电脑、电脑和智能手机等进行阅读。相比传统的纸质教科书，电子教科书具有互动性、多媒体呈现和实时更新的优势。学生可以通过电子教科书接触到全面而深入的化学知识，包括概念解释、图示和实例等。此外，电子教科书还提供了搜索功能和书签功能，方便学生根据需要快速查找和标记内容。

　　除了教科书，学生还可以利用参考书籍和期刊来拓宽他们的学习资源。参考书籍通常深入讲解特定化学领域的知识，提供更详细和专业的内容。期刊则刊载最新的研究成果和实验技术，使学生能够了解前沿的科学发展。通过阅读参考书籍和期刊，学生可以拓展他们对化学领域的了解，加深对特定主题的理解，并培养批判性思维和科学写作能力。

现代化学教学中，多媒体资源发挥着重要的作用。通过图像、视频、动画等多媒体展示，学生可以更直观地理解抽象的化学概念和实验过程。这些多媒体资源可以通过电子教科书、在线学习平台和教师的教学演示等途径提供给学生。多媒体资源丰富了学生的学习体验，增加了趣味性和互动性，可帮助学生更好地掌握化学知识。

互联网的普及使得在线学习平台和开放教育资源变得更加广泛和便捷。学生可以利用在线学习平台，如慕课网站、学术视频网站等，参与免费的化学课程，学习由专家和教授提供的知识。此外，开放教育资源也为学生提供了大量的学习材料，如课件、学习笔记和练习题等，帮助学生深入学习和复习化学知识。常见的学习网站有地方级别的，如成都市中小学教师继续教育网成都市专业技术人员培训在线、四川教师专业发展平台、四川教育资源公共服务平台。还有国家级的，如国家中小学智慧教育平台、国家教育资源公共服务平台、一师一优课，一课一名师、国图公开课、科普中国。还有国家中小学网络云平台、国家教育资源公共服务平台、学习强国APP。学习强国平台PC端有"学习新思想""学习文化""环球视野"等17个版块180多个一级栏目，手机客户端有"学习""视频学习"两大板块38个频道，聚合了大量可免费阅读的期刊、古籍、公开课、歌曲、戏曲、电影、图书等资料。PC端用户可登录网址或通过搜索引擎搜索浏览，手机用户可通过各手机应用商店免费下载使用，学习文化、学习全书、学习慕课、视频学习。

通过教学工具和资源，学生可以了解科学研究的方法和过程。例如，学生可以通过模拟实验和在线学习平台等工具，了解科学实验的基本步骤、观察和记录数据的技巧以及数据分析和结论推断的方法。这样的实践经验使学生更加熟悉科学研究的方法论，并为将来进行更深入的科学研究打下基础。

教学工具和资源的使用鼓励学生运用科学思维和批判性思维。学生通过参与实验设计、数据分析和问题解决等过程，培养了观察、推理、解释和评估的能力。这样的思维方式使学生能够思考科学现象背后的原理和机制，发展批判性思维，对科学研究和科学信息持有合理的态度和观点。

教学工具和资源的使用可以激发学生对科学探究的兴趣。通过多媒体课件、模拟实验和示意图等直观生动的方式，学生能够更好地理解和掌握化学概念、实验过程和化学现象。这样的体验促使学生积极参与实验和观察，培养他们的实验技能和观察能力。通过实践体验，学生可以更加深入地理解化学原理和概念，培养了他们的实验思维和科学方法论。

教学工具和资源的使用帮助学生发展信息素养。学生通过使用各种化学工具和资源，如在线学习平台、科学数据库和电子图书等，学习获取、评估和应用科学信息的能力。这包括学会搜索合适的信息来源、筛选可靠的数据、分析和整理信息，并将其应用于化学学习和研究中。这种信息素养的培养使学生能够更加独立地进行科学学习和培养科学伦理和社会责任意识。通过教学工具和资源，学生能够了解科学研究的伦理原则和社会责任。他们可以学习科学研究的道德准则，如诚实、透明和尊重知识产权。学生还可以探讨科学在社会中的影响和应用，了解科学研究对环境、健康和社会发展的影响，从而培养出对科学伦理和社会责任的意识。

8.3 教学工具和资源的使用策略和技巧

8.3.1 如何利用现代科技手段辅助教学

(1) 使用多媒体课件

教师可以利用多媒体课件制作和展示课程内容。通过图像、动画、视频等多媒体元素，可以直观地呈现化学概念、实验过程和化学现象，帮助学生更好地理解和掌握知识。教师可以使用课件来讲解教学重点、展示实验步骤、演示化学模型等，使学生的学习过程更加生动有趣。

(2) 利用互动教学工具

教师可以使用互动教学工具，如点击器、投票系统等，与学生进行实时互动。通过提问、投票和讨论等方式，教师可以调动学生积极参与，激发他们思考和讨论，促进课堂互动和知识交流。这种互动性的教学方法可以增加学生的参与度和学习动力。

(3) 利用在线学习平台和资源

教师可以利用在线学习平台和资源来拓宽学生的学习资源。通过使用电子教科书、在线课程、学习视频等，学生可以随时随地访问和学习化学知识。教师可以在在线平台上布置作业、提供练习题目和学习资料，帮助学生巩固所学知识，并提供实时的反馈和评估。

(4) 利用模拟实验软件

由于实验条件和安全因素的限制，教师可以使用模拟实验软件，让学生进行虚拟实验。这些软件能够提供实验场景、操作步骤和数据分析等功能，使学生能够在模拟环境中进行实验，培养实验设计和观察能力。通过模拟实验软件，学生可以进行多次实验尝试，加深对实验原理和化学概念的理解。

8.3.2　如何利用实验室、图书馆、网络等资源进行教学

（1）实验室教学

实验室是进行化学实验和观察的重要场所。教师可以设计并引导学生进行实验，让他们亲自参与化学实验和观察，培养实验技能和观察能力。教师在实验室教学中应确保实验的安全性，并引导学生进行实验记录、数据分析和结果讨论。通过实验室教学，学生能够加深对化学原理和概念的理解，培养科学思维和实验设计能力。

（2）图书馆资源

图书馆是一个丰富的知识资源库。教师可以引导学生利用图书馆资源查阅相关化学书籍、参考资料和期刊文章。教师可以推荐适合高中学生的化学教材和参考书籍，让学生通过阅读和研究加深对化学知识的理解。此外，教师还可以引导学生学习图书馆的信息检索技巧，培养他们获取和评估化学信息的能力。

（3）网络资源

网络提供了广泛的化学学习资源。教师可以引导学生利用互联网搜索引擎、在线学习平台和化学学习网站等，获取化学相关的教学资料、视频课程和学习工具。教师可以推荐可靠的化学学习网站和在线实验平台，让学生通过在线模拟实验和交互式学习资源进行自主学习和探索。教师还可以组织学生进行在线讨论和合作学习，通过网络平台促进学生之间的交流和知识分享。

8.3.3 如何选择和应用教材和辅助教材

高中教师在选择和应用教材和辅助教材时应考虑以下几个方面：

（1）与课程标准和学生需求的对齐

教材和辅助教材应与教育部制定的课程标准相一致，覆盖所要教授的知识和技能。教师应了解学生的学习需求和背景，选择符合学生年级和学科水平的教材。同时，教材应包含多样性的例子和练习题，以满足不同学生的学习差异。

（2）教材内容的准确性和权威性

教师应选择准确、权威的教材和辅助教材，确保所传授的知识和概念是基于科学事实和最新研究成果的。教师可以查阅评价和推荐的教材指南，参考同行和专家的意见，确保选择的教材具有高质量和可靠性。

（3）多样化的教学资源

教师可以使用多种形式的教材和辅助教材，如教科书、参考书、练习册、工作簿、教学视频等。多样化的教学资源能够满足不同学生的学习需求和学习风格，提供更全面、多角度的学习材料。教师可以根据具体教学目标和学生特点，灵活选择和组合不同的教学资源。例如，适度使用辅助性教材可以弥补教材中内容不足或过于简化的情况，为学生提供更全面和深入的学习资料。辅助性教材可以提供更多的背景信息、实例分析和扩展内容，帮助学生深入理解和应用知识。

（4）反馈和评估机制

教师应选择带有适当反馈和评估机制的辅助教材，以帮助学生自我评估和监控学习进展。教材和辅助教材可以提供练习题、问题集、自测题等形式的评估内容，让学生检查自己对知识的理解和掌握程度。此外，教师还可以利用在线学习平台或教学工具，提供自动化的反馈和评估功能，及时告知学生在学习过程中的错误和进步，以帮助他们调整学习策略和提高学习效果。

(5) 教材的灵活应用

教师应充分利用教材和辅助教材的灵活性，根据学生的学习进度和需求进行调整和安排。教师可以根据课堂教学的进展，适时引入相关的教材内容，提供补充材料或拓展内容，以满足学生的学习需求和拓展他们的学习视野。

教师可以根据学生的学习进度，灵活调整教材的使用。有些学生可能对某些概念和知识点掌握较快，可以提前引入一些拓展内容，挑战他们的学习能力。而对于一些学习进度较慢的学生，教师可以提供更多的练习材料和辅助教材，帮助他们夯实基础，逐步追赶上学习进度。

每个学生都有不同的学习需求和学习风格。教师应根据学生的需求，选择合适的教材和辅助教材，以满足不同学生的学习需求。一些学生可能需要更多的实例和案例来理解抽象的概念，教师可以引入相关的实例和案例教材；一些学生可能对某个领域有浓厚的兴趣，教师可以提供相关的拓展材料，让他们深入学习和探索。教师可以根据课堂教学的进展，适时引入相关的教材内容，提供补充材料或拓展内容。当教师发现学生对某个主题表现出浓厚的兴趣或有更多的问题时，可以引入相关的辅助教材，深入探讨该主题，拓展学生的学习视野。这样的教学方法能够增加课堂的趣味性和深度，激发学生的学习热情。

教师可以充分利用辅助教材中的多媒体资源，如图像、视频、动画等，来增强学生的学习体验和理解能力。多媒体资源可以生动形象地呈现抽象的概念和复杂的过程，激发学生的兴趣，提高学习效果。教师可以通过引入情境化的辅助教材，营造真实的学习情境，以丰富课堂教学内容，使学习更具互动性和趣味性。情境化学习可以激发学生的主动性和创造性思维，提升他们在现实生活中运用知识的能力。

8.4　常用化学工具和资源使用指南

（1）钉钉使用介绍

钉钉是一款企业级即时通信和协作工具，它的语音、视频、共享屏幕等功能可以很好地支持在线教育和上网课。以下是钉钉如何用于上网课的使用介绍：

① 下载和安装：可以在应用商店中搜索并下载钉钉应用，然后按照指示完成安装。

② 注册和登录：打开钉钉应用后，可以选择注册一个新账号或使用已有的手机号码进行登录。

③ 完善个人信息：在登录后，可以根据提示完善个人信息，包括头像、姓名、职位等。这些信息将在使用钉钉时显示给其他用户。

④ 探索工作台：钉钉的主界面是工作台，可以在工作台上找到各种应用和功能。通过滑动屏幕或点击底部的图标，可以访问消息、通讯录、日程、考勤等功能。

⑤ 发送消息和通话：在消息界面，可以选择联系人或群组，然后发送文字、语音、图片、文件等消息。还可以进行语音通话、视频通话和会议。

⑥ 使用通讯录：在通讯录中，可以查找和管理联系人。可以搜

索联系人、添加好友、创建群组，并与他们进行沟通和协作。

⑦ 管理日程和任务：在日程功能中，可以创建个人或团队的日程安排，并设置提醒。还可以创建任务清单、分配任务和跟踪任务进度。

⑧ 使用考勤功能：如果所在的组织使用钉钉进行考勤管理，可以使用考勤功能进行签到和签退。还可以根据规定的考勤规则进行打卡，同时查看个人的考勤记录和统计。

⑨ 加入和创建群组：老师可以在钉钉中创建班级群组，邀请学生加入群组，方便老师和学生之间进行即时沟通和交流。群组可以用于团队协作、项目讨论和信息共享。可以在群组中发送消息、分享文件和进行语音或视频会议。通过钉钉的语音或视频通话功能，在线进行教学或答疑。在视频通话时，可以共享屏幕，展示课件或作业。老师和学生可以通过钉钉的消息功能，发送文字、语音、图片等消息，方便交流和互动。可以通过钉钉的测试功能，创建在线测试，方便对学生的学习情况进行评估。老师可以在钉钉中上传课件、资料等文件，方便学生查看和下载，支持在线学习。还可以通过钉钉的日程或提醒功能，设置学习提醒，提醒学生按时完成作业和学习任务。

⑩ 探索其他功能：钉钉还提供了许多其他功能，如会议管理、审批流程、知识库等。可以根据自己的需求和组织的使用情况，进一步探索和使用这些功能。

（2）腾讯会议使用简介

腾讯会议是一款在线视频会议软件，可以支持多人视频通话、屏幕共享、文件传输等功能。腾讯会议是一款在线视频会议软件，可以用于线上教学和互动交流。老师可以在腾讯会议中创建会议，邀请学生加入会议，进行线上教学和互动交流。在视频会议中，老师可以共享屏幕、演示课件等功能，方便教学和学习。腾讯会议支持多人视频通话，适合小班授课和互动交流；支持屏幕共享、演示课件等功能，方便教学和学习；界面简洁，易于操作。缺点是在使用过程中对网络环境要求较高，网络不稳定时容易出现卡顿和掉线等问题；功能相对简单，不能满足一些高级教学需求。使用步骤如下：

① 下载并安装腾讯会议客户端，注册账号并登录。

② 在腾讯会议中创建一个新的会议，设置会议名称、时间、参会人员等信息。

③ 点击"预约会议"，将会议邀请链接发送给学生，学生可以通过链接加入会议。

④ 进入会议后，老师可以使用腾讯会议提供的屏幕共享、演示课件等功能进行线上教学。学生也可以在会议中提问、互动交流等。

⑤ 上课结束后，老师可以结束会议，退出腾讯会议客户端。

使用腾讯会议时应确保网络环境稳定，避免视频卡顿、掉线等情况；在屏幕共享和演示课件时，确保课件清晰、字体大小合适，避免影响学生的视听效果；在会议中进行互动交流时，老师需要合理安排时间和话题，确保课程质量。

（3）腾讯课堂使用简介

腾讯课堂是一款在线教育平台，可以支持在线教学、作业发布、考试测试等功能。在上网课方面，腾讯课堂可以用于线上教学和学习。老师可以在腾讯课堂中创建班级，上传课件、作业等教学资料，并进行线上教学和学习。同时，老师也可以通过腾讯课堂进行考试测试、作业批改等工作。优点是支持在线教学、作业发布、考试测试等多种功能，能满足不同的教学需求；界面清晰，易于操作；支持多种语言，适合国际化教学。缺点是对网络环境要求较高，网络不稳定时容易出现卡顿和掉线等问题；一些高级功能需要收费，价格较高。

① 下载并安装腾讯课堂应用程序。可以在腾讯课堂官网或应用商店中找到并下载。

② 注册并登录腾讯课堂账号。如果已经有QQ、微信等腾讯旗下产品的账号，可以直接使用该账号登录。

③ 在腾讯课堂首页搜索要上的课程，找到对应的课程并进入。

④ 进入课程后，可以查看老师发布的课程内容、作业、课件等。也可以在这里与老师和同学进行互动。

⑤ 在上课时间到达之前，确保网络连接稳定，打开视频直播窗口，可以在视频窗口中与老师进行互动、讨论问题、完成课堂互动等。

腾讯会议和腾讯课堂都可以用于上网课，适用于不同的教学需求。腾讯会议适合小班授课和互动交流，操作简单，但功能相对简单；腾讯课堂功能较为全面，适合满足不同的教学需求，但对网络环境要求较高，且一些高级功能需要收费。因此，在选择使用哪个软件时，可以根据自己的教学需求和网络环境来综合考虑。如果是小班授课和互动交流，可以选择腾讯会议；如果是大班教学、作业发布、考试测试等多种需求，可以选择腾讯课堂。

（4）MolView

MolView 是一个用于分子可视化和化学信息展示的在线平台。它提供了一个直观易用的界面，使用户能够查看、旋转、缩放和交互式地探索分子结构。通过 MolView，用户可以输入化学式或导入分子文件，然后以三维模型的形式呈现分子结构。它支持常见的分子文件格式，如 PDB、SDF、MOL、XYZ 等。此外，MolView 还提供了一系列的化学信息和属性，包括原子的类型、键长、键角、电荷等。MolView 还具有一些实用的功能，比如生成分子的几何优化、计算分子的电荷分布和表面电位等。用户还可以使用工具栏上的不同选项，如测量工具、轨道显示和分子动力学模拟等。

当使用 MolView 进行分子可视化和化学信息展示时，以下是使用的具体步骤：

① 打开 MolView 网站：在浏览器中打开 MolView 的官方网站。

② 导入分子结构：在顶部的搜索栏中输入化学式、分子名称或选择导入文件，然后点击"搜索"或"导入"按钮。如果没有具体的分子结构，可以尝试输入常见的化学物质名称，如"水"或"甲烷"。

③ 探索分子结构：一旦分子结构加载完成，可以使用鼠标左键拖动来旋转分子的视角，使用鼠标滚轮进行缩放。这样可以从不同的角度观察分子，并调整大小以适应屏幕。

④ 查看分子信息：在右侧的信息面板中，可以找到有关分子的详细信息，例如分子式、分子量、原子数、键数等，还可以选择显示分子的二维结构式或原子标签。

⑤ 调整显示选项：在顶部的工具栏中，可以选择不同的显示选项。例如，可以启用/禁用原子符号、键、球棍模型、分子表面等。通过尝试不同的选项，可以根据需要调整分子的外观。

⑥ 进行分子优化：如果想对分子进行几何优化，以获得更稳定和合理的结构，可以选择顶部工具栏中的"几何优化"选项。这将尝试优化分子的原子位置，使其达到最低能量状态。

⑦ 计算分子属性：MolView 还提供了一些计算分子属性的功能。例如，可以计算分子的电荷分布、表面电位和分子轨道等。这可以

在顶部工具栏中找到相应的选项，并按照指示进行操作。

⑧ 导出和分享：如果想保存现在的工作或与他人分享分子结构，可以在顶部工具栏中找到导出选项。MolView 支持将分子导出为图像文件（如 PNG）或分子文件（如 PDB、SDF、MOL）。

（5）问卷星的使用指南

① 注册账号和登录：首先，需要在问卷星的官方网站上注册一个账号。提供所需的信息，如电子邮件地址、用户名和密码，并按照指示完成注册过程。一旦注册成功，使用用户名和密码登录到问卷星平台。

② 创建新问卷：登录后，将看到仪表板或控制面板。在这里，可以点击"创建问卷"或类似的按钮来开始新建一个问卷。也可以选择使用现有的模板作为起点，根据需要进行修改和定制。

③ 设计问卷问题：在问卷编辑器中，可以开始设计问卷问题。点击"添加问题"或类似的按钮，选择需要的问题类型，如单选题、多选题、填空题等。输入问题的标题和选项，并根据需要设置其他属性，如是否必答、是否随机顺序等。

④ 设置逻辑和跳转：如果需要根据回答者的选择来跳转到不同的问题或页面，可以使用逻辑和跳转功能。例如，可以设置当某个选项被选择时，自动跳转到特定的问题或结束问卷。

⑤ 自定义样式和布局：问卷星提供了一些样式和布局选项，可以根据需要进行自定义。可以更改问卷的颜色、字体、背景等，以使其与主题一致。

⑥ 设置问卷调查选项：在问卷设置中，可以配置一些调查选项。这包括设置问卷的开始和结束时间、设置问卷的访问权限（如公开、私密或需要密码）、限制每个人的回答次数等。

⑦ 发布问卷：当问卷设计完成后，可以选择不同的发布方式。问卷星提供了多种发布选项，如生成问卷链接、嵌入问卷到网页、分享到社交媒体、发送问卷链接通过电子邮件等。选择适合的方式，并按照指示完成发布过程。

⑧ 收集和分析数据：一旦问卷发布，可以开始收集回答者的数据。在问卷星的控制面板中实时查看收集到的数据，并生成统计报告和图表。问卷星还提供了数据导出功能，以便将数据下载到本地进行更深入的分析和处理。

完整一届高中学生
成长经验总结报告

记那群"猴子"成长的1000多天

一、背景

（一）人物简介

1.那群"猴子"——高2022届1班的孩子们

高2022届1班是学校1352名学生中成绩位于年级前几十名的学生组成的特优班。在县域高中教育陷入困境的背景下，为了留住当地的生源，学校成立了这个班，致力于为学生提供更好的教育服务。这个班级一共有40名学生。三年前，他们进入高中时，中考成绩最好的学生在成都市的中考成绩排名是第2550名，这也是该班中考成绩进入成都市前3000名的唯一的一名学生。尽管学校给这个班级取名为特优班，但实际上，这40名学生都是中考结束后前往成都市和绵阳市的优质高中参加自主招生考试，但最终未能被录取的学生。简而言之，他们是因为未能考上理想的优质高中而被迫选择了县域高中。因而，他们在这所县域国家级重点高中是佼佼者，但是与其他更优质的国家级重点高中的学生相比，又在各方面都存在很大的差距。

这些学生大多出生于2004年，十二生肖属猴，所以称他们是一群小"猴子"。作为他们的班主任，笔者则戏称自己为猴王。这群零零后的"猴子"们多为独生子女，且生长在成都平原这个富庶的天府之国，他们拥有优越的物质条件。作为00后的一代，他们渴望自由和民主，希望有多样化的选择，同时他们也具备创新精神和开放思维。但对于这40名学生来说，他们刚刚经历了在其他优质高中落选的挫折，感到被迫留在县域高中，对学校、老师、父母和自己本身等方面都产生了种种复杂的情感。部分学生会感到失望和沮丧，因为他们原本希望能够进入优质高中，但现实却迫使他们留在县域学校。他们可能会认为自己的努力没有得到应有的回报，对未来的前景感到不确定。部分学生可能会开始怀疑自己的能力和价值。与其他进入更优质高中的同学相比，他们可能认为自己处于劣势地位，产生自卑感。他们可能会怀疑自己能否在三年的高中生活结束时有一个满意的结果。尽管他们对当前的情况感到不满和失望，但他们也会尝试调整自己的心态和期望。面对挫折和逆境，他们会产生一种强烈的欲望，以改变他们当前所处的局面，但又怕跟中考一样再次失败。每个学生的心理活动有所不同，但面对新的高中生活，同学们都需要更多时间来适应和调整。

2. "猴子"王——班主任

2019年8月23日是高2022届新生入校军训结束的日子。在那一天，笔者接到了学校校长的谈话邀请，结果是我必须在这个8月与这群"猴子"相遇。校长是一位真正有教育情怀的教育工作者，他经常说的一句话是我们应该对得起每个孩子和每个家庭。在这个朴素无华的话语背后是肩负的责任和重托。他将自己的一生奉献给了县域高中的教育事业。他以自己的人格魅力凝聚全校普通老师，带领他们在教育的最前线奋战。在他的引领下，师生的精气神积极、上进、努力、拼搏。全校的教职员工都会认认真真干好自己的本职工作。在他的带领下，学校的本科上线率在五年间，从2017年的76%提升到2021年的91%。作为教育工作者，每个坚守在教育第一线的人都明白，我们追求的不仅仅是分数和上线率这些冰冷的数据，我们也应该理性地看待这些数据。这些数据虽然不是我们教育的终极目标，但它们真实地讲述着教育工作中一个个温情的故事。这位老校长从未追求任何回报，默默地坚守在县城高中的阵地上。2022年的6月，他退休并离开自己奋斗了一辈子的教育岗位。2022届1班的孩子将成为他教育生涯中的最后一届学生。当校长找到笔者时，尽管笔者刚刚生完孩子还在休产假，尽管孩子的父亲在另一个城市工作。笔者面临着许多生活上的困难暂时无法克服，内心充满了恐惧和抗拒。但是笔者还是接下了这个工作。就这样的缘分，在2019年的8月24日笔者和这帮"猴子"见面了，作为他们的班主任，作为他们的化学老师，作为"猴子"王。

（二）相关事件背景

那帮00后的"猴子"学生大多为独生子女，拥有良好的物质条件，在小县城里压力不大，生活足够舒适。成绩不上不下，比起成都市里学校的优秀学生，差距很大，但是在这个小县城里也算是优秀的。在这种环境下，大部分孩子想要取得更好的成绩但又不愿付出艰辛的努力，同时也承认自己的素养比不上成都和绵阳等地的优生。看着自己很多初中优秀的同班同学都去了成都和绵阳比较好的高中，心里还是比较羡慕，同时也有些自卑。在新冠肺炎疫情期间，这批学生开始了时间比较长的寒假，直至2020年4月16日学生得以返校上课。在此期间学生停课不停学，这40位同学纷纷成为网课大军的一员。手机、平板、电脑，所有的电子产品都一下回到他们手中。那种兴奋，那种放肆，让他们在现实的生活当中更加迷失自己。对于刚进入高一的他们，学习习惯还没培养好，抵抗诱惑的能力还不具备，突然来临的网课学习不仅没让他们长本事，反倒使他们沉迷于网络和游戏，还有几位同学在此期间心理健康出现了不小的问题。

　　面对返校后的这些学生怎么开展高中剩下日子的全方面的培养工作，真正培养国家需要的新一代青年学生值得作为"猴子"王的我去思考和探索。虽然他们在我校1000多名学生当中算是优生，但是与成都市里的19所学校中考均分都高达600分以上的学生相比，这40名孩子又相差太多。与蓉城名校联盟的其他学校相比也相差很远。蓉城名校联盟是指成都市郊县的十几所高中学校组成的学校联盟，各个联盟学校之间会定期教研，每学期开学、期中和期末都会统一组织成员学校参加统一的考试。联盟学校成员和各校高2022届学生2019年入校录取分数如下：A中学555分，B中学555分，C一中554分，D中学554分，F中学553分，G一中553分，H中学546分，I中学541分，J中学503～551分，K中学535分，L中学532分，M中学530分，N中学515分，该班所在中学515分。根据上述数据可知，该班所在中学的录取分数线在所有蓉城名校中位于最后，生源水平最落后。面对这样的生源，面对高考的要求，如何才能让他们变得优秀，配得上特优班这个班号，让他们在高中余下的日子里一步一步前进、一步一步变得优秀，这些工作都充满了挑战和困难。

二、问题解决过程与策略——记一个优秀的高中班级的培养与成长

（一）五育并举，抓学生成绩须先抓班级常规

1. 生活习惯——先做人后做事

　　生活本身就是很好的教育。陶行知先生曾经也指出"生活即教育"，核心就是以生活为中心的教育，生活无时不含有教育的意义。中共中央、国务院印发了《关于深化教育教学改革全面提高义务教育质量的意见》，明确提出，要全面贯彻党的教育方针，落实立德树

人根本任务，遵循教育规律，发展素质教育，培养德智体美劳全面发展的社会主义建设者和接班人。树立科学的教育质量观，坚持德育为先、全面发展、面向全体、知行合一。《意见》提出的主要举措包括坚持"五育"并举，即突出德育实效，提升智育水平，强化体育锻炼，增强美育熏陶，加强劳动教育等，以构建德智体美劳全面培养的教育体系。作为一个拥有教育智慧的班主任也应深知从学生生活的细节入手是培养学生良好习惯的重要抓手。一线班主任不应该只有高大上的教育教学理论，而应该将理论与实践结合，形成自己的教育理念和特色，应该具有教育的敏感和敏锐。在日常的教育教学中，通过多年的观察发现，一个班级教室的整洁程度直接与一个班级学生的成绩有着密切的关系，一个教室都不够整洁的班级，学生的成绩一定不会有太大起色，更不要说学生的成长与成才。

教室环境的布置是作为每一个班的班主任的第一件事也是最重要的事情之一。教室环境的布置过程就是教育和教学发生的过程，这个过程里包含的教育活动太多，而且能起到无声胜有声的教育效果。这个教育效果我在一线的教育教学中经过了十几年的验证。每一届担任班主任，刚和学生见面的那天，笔者一定不会是开个见面班会、做个见面演讲或是选举班级班干部又或是制订班级班规。而是只干一件事情——全班一起劳动。劳动的地点就是教室。笔者会和大家一起，按照同学们暂时自由选择的座位进行分组：有的组负责去除各个墙角的蜘蛛网及电灯空调的灰尘；有的组负责墙面的各种污渍和废旧张贴；有的组负责卫生角的地面；有的组负责屋内墙角；有的组负责教室里的铁皮书柜；有的组专门负责讲桌和讲台；

有的组负责教室的外墙和窗户玻璃……整个教室里没有一个闲人，有人用扫帚扫地，有人用拖布拖地，有人用钢丝球擦地，有人用小刀铲除污渍；有人把自己的洗手液都贡献了出来擦拭污渍，也有人用酒精去溶解铁皮柜上残留的字迹；有人跪着、有人趴着、有人蹲着，也有人借助桌子和椅子站得很高；有人安静地单独抹桌子，也有人多人合作一起配合，还有人一边试验一边寻找解决问题的办法……那个生动真实的场景至今都还在我的脑海里，只可惜当时没有用手机记录那个劳动的热闹场面。当然，在整个劳动过程中，笔者也绝不是个局外人，而是会深入到每一个组依次查看并提出相应的卫生标准，也会亲自示范，甚至给予经验指导或是和大家一起试一试更好的办法。一场劳动下来，同学们总结出了擦玻璃的时候用废旧的报纸比用抹布更好；除去铁柜子上的油墨笔污渍可以先喷洒酒精再用钢丝球会更容易；擦黑板第一遍用黑板擦第二遍用湿抹布第三遍用更干一些的湿抹布效果最好，这样黑板不仅铮亮，跟新的一样而且可以干得很快，由此他们自己在讲桌的一边钉了一排钩子并标上记号1、2、3等，把不同湿度的抹布依次挂在钩子上方便大家使用。

这次劳动的意义非常重大。劳动过程中同学们一起合作完成任务，一起想更好的解决问题的办法，可以让大家快速熟悉起来，快速融入这个班集体。这个过程更大的教育意义是让学生在任务中去感受班主任的处事风格、教育要求。很多年前班上的孩子尽管现在博士毕业，谈到高中生活，他们最难忘的居然是我们的第一次见面。他们说，虽然那天什么大道理都没讲，但是通过当时做卫生这件事就可以看出班主任的处事风格和能力。他们感觉我对每件事情的要求都很高，近乎完美；做事认真踏实，雷厉风行；生活经验丰富，善于动脑筋；行事风格独特……孩子们不傻，这个班的孩子们个个是"小人精"，他们会精准推知以后做每一件小事要做到什么程度才会达到我的要求和期望；他们甚至能推知，老师连班级卫生这么小的事都这么认真和严谨，更不要说是对于高中三年的学习要求。这就已经为他们高中三年认真严谨的学习习惯和处事风格的形成打下了坚实的基础。以至于在整个高中三年的过程中他们都会严格要求自己。记得2021年的6月8日，上一届的高三同学毕业的那天，孩子们要从高二楼搬到学校的高三楼，开启他们的学习新生活，笔者却因当年的高考阅卷任务没有参与全班大搬家，但还是通过电话的方式强调了教室布置的重要性。6月19日笔者返回学校，带领同学们继续深度清理教室，然后一起布置那间简单的教室。笔者与同学们一起选图片，一起构思教室的标语，一起量教室墙面的尺寸，一起欢快地调侃说这是我们高三要一起奋斗的家，这里将留下我们每一个人的青春印记。同学们认真清理掉高三教室一贯的红色标语，而是选择了优雅大气的紫色配色，还梳理了能随时提醒自己认真学习的标语。教室正前方墙面是"厚积分秒之功，敦谨砺行之志"，教室后墙面是"认真的人改变了自己，坚持的人改变了命运"，左右两面的侧墙分别是"专注 踏实 努力""拼搏 坚持 高效"。在全班同学的共同努力下，一个温馨、大气、优雅、整洁的教室就布置好了。现附上同学们的劳动前后教室的对比图。其中图1、图2为大家深度清理了卫生但还没进行标语布置的教室，图3、图4是邻居教室的标语，图5、图6是大家亲手改造后我们的教室（彩图参见封三）。

图1　标语改造前教室1

图2　标语改造前教室2

图3　邻居教室高三标语1

图4　邻居教室高三标语2

图 5　改造后我们的教室（侧墙）

图 6　改造后我们的教室（后墙）

　　这三年期间我们一起完成的诸如教室卫生打扫的每一件小事都是一种无声的教育。一次行动胜过一堆纲领。孩子们逐渐养成了认真对待每一件小事的习惯，更不用说是对待学习这件对于学生来说最重要的事情。有序的书籍摆放和整齐的桌椅都能给人很强的秩序感和静心读书的氛围。为了把课桌摆放得很整齐，负责课桌摆放的同学想出了用教室墙面的瓷砖缝隙形成的线条作为对齐课桌的标准线，有时也用地面的各种缝隙作为标准。负责黑板和饮水机的同学，不仅清楚学校对于这两个地方的评分标准，还会主动培训值日的同学用几分干湿的抹布擦拭污渍的效果最好。负责卫生角垃圾桶的同学会给全班同学立下规矩，如流体垃圾等不能扔到班上的垃圾桶而应该扔到厕所。每天读报课时间，学校的卫生部会随时检查各个班的垃圾桶中的垃圾倾倒情况，为了避免引起没有倾倒垃圾的误会而导致班级扣分，班干部会建议同学每天在读报课结束之后才将垃圾扔到垃圾桶。风扇、空调、电灯、电脑的开关都有专人负责。黑板报的设计和创作也会按照每月主题按时完成。值日生和卫生小组会在前一天完成任务时，主动交接给后一天的相关人员。每一件小事都在培养学生事事有交代、事事有回应的好习惯。在所谓的小事中去培养学生的责任与担当。除此之外，对学生仪容、仪表的严格要求也会使学生从生活细节中学会自我约束。

住校生的管理对班级班风、学风和班级成绩有不可低估的影响。所以住校生寝室纪律管理与要求至关重要。定期给住校生开会、讲问题、找改进方法，寝室自我表现评分、寝室表现互评、对各类表现无记名投票评价、对所有学生进行晚间寝室讲话多少排序等等策略和方法的灵活使用可以对学生的相关行为起到很好的约束作用。经过高一、高二基础年级的引导和监督，学生到了高三定会学会自主管理，在这个漫长的过程中他们会越来越自律，从而提高班级的班风和学风。

2. 学习习惯——课比天大

课堂是学生学习的主阵地，也是教师取得良好教育教学成绩的主阵地。学生和老师都应该内植"课比天大"的思想，即任何其他事情都要让位于课堂。优秀的老师首先要上好每一堂课，优秀的学生则是每堂课都要学得很到位的。经过十几年的观察发现，如果教师的课堂驾驭不好，会给教师本人和学生带来"灾难性"后果。教师课下还要花很多时间去监督学生记忆、背诵、默写，甚至做大量的作业。致使教师工作繁重，学生也苦不堪言。学生的"学"和教师的"教"密不可分，在一定程度上一般都是同时进行、同时发生的。教育教学活动有时就是师生的一种有效的交流沟通活动。从系统思维的角度考虑，诸如早自习、课堂打瞌睡、听课方法、作业策略、自习课等都对教学有重要影响。

（1）早自习迟到

进入高中的第一天就要给学生强调时间观念的重要性。给学生讲明白要求，如踩着铃声进教室定义为迟到。在高中长达三年的学习时间里，加之学生的睡眠时间又普遍较短的情况下，学生偶尔迟到是很正常的，但是如果没有一定的规矩，同学之间相互效仿，就会在一定程度上影响班级管理，对学生良好时间观念的培养产生一定的影响。所以，对于迟到规矩的树立很有必要。虽然学生迟到肯定是有一定原因的，如生病、睡过头、路上交通堵塞，又或是学生本身自己洗漱速度太慢，但无论什么原因都要请家长给班主任打电话说明迟到的原因，这样的好处是家长也知晓自己的孩子存在的问题。若家长不提前说明迟到的原因则按班规处理，如劳动一周。若在劳动的过程中因劳动效果不好被学校检查扣分，则按所扣的分数继续参加劳动等。为了考虑到学生的情绪等问题，也可以按照班级的实际情况，规定每人每学期有3次迟到的机会。用完这3次机会再接受对应的劳动惩罚。这样处理，学生更容易接受，班级干部在实际操作时也更具有可操作性。

（2）课堂打瞌睡

影响高中学生成绩比较大的因素之一是课堂上打瞌睡。所以上课的时候，老师要有意识作相应的提醒和管理。否则老师讲解很流畅但学生的收听率不高，这会严重影响一个班级该科目的整体成绩，更别说是优生的培养。根据三年各科目30多次的考试数据可知，只要该科目的整体成绩优秀则该科目的优生情况也会很多。

高中学生在课堂打瞌睡的原因除了自己对待课堂的态度，另一个就是高中生的睡眠时间不充足。2022年5月23日，对高2022届1班（高三特优班）的40名同学开展睡眠时间的调查：住校生每天的起床时间是6点至6点30分之间，晚上是11点30分前休息，平均睡眠时间为7小时；走读生每天的起床时间是6点至6点45分之间，晚上是11点30分至12点30分休息，平均睡眠时间为6个多小时。具体情况见下图7和图8。同时也在当天对高2024届2班（高一特优班）的45名同学展开了相同的调查，具体情况见下图9和图10。由调查可知，住校生和走读生的平均睡眠时间都未能达到理想的标准。尤其是走读生的平均睡眠时间仅为6个多小时，明显不满足高中生8小时睡眠的要求。

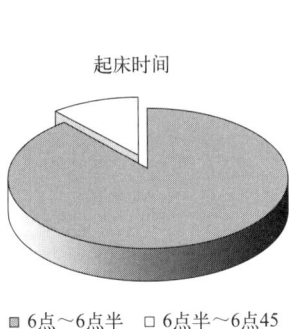

图 7　高三特优班学生起床时间统计

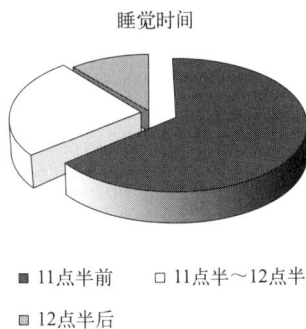

图 8　高三特优班学生睡觉时间统计

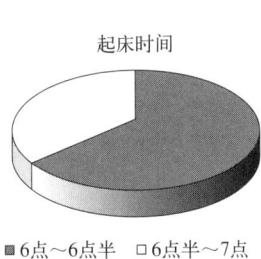

图 9　高一特优班学生起床时间统计

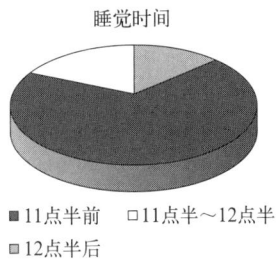

图 10　高一特优班学生睡觉时间统计

睡眠不足对学生的学习和身体健康都会产生负面影响。缺乏充足的睡眠会导致学生在课堂上打瞌睡，注意力不集中，记忆力下降，影响学习效果和成绩。此外，睡眠不足还会增加焦虑、抑郁和情绪波动的风险，对学生的心理健康造成负面影响。作为最前线的教育工作者，除了关注高中生的睡眠问题，教师还应该思考初中生、小学生甚至幼儿园学生的睡眠问题。当然更重要的是上级教育主管部门对学生的睡眠问题应该有个高屋建瓴的思路和问题解决的办法。学生睡眠问题的解决，非常有助于学生身心健康的发展和学习效率的提升。只有上级教育主管部门的深度参与，学生的睡眠问题才能得到彻底解决。

（3）听课方法

学生进入高中的第一堂课，班主任可以从学科教师的角度去引导学生怎么进行高效听课、怎么记笔记、怎么使用草稿纸。为了保证上课的效率，建议学生调动所有感官专注学习，如用眼睛专注地盯着黑板、用耳朵认真听讲解、用心动脑筋思考老师的推演思路、用嘴巴先于其他同学回答老师的提问、用手在草稿纸上推演过程进行独立自主"复盘"等，以保证真正将老师讲授的内容过手和内化，这才是真正的学习活动的开展。做到这些，可以防止学生在课堂上走神，还可以提高学习效率，从而增强学生对该科目的胜任感和成就感。长期不间断的胜任感和成就感会逐渐增强学生对这个科目的学习兴趣，长此以往，学生的学习效果一定不差，课下完成作业的效率也会提高不少。另外，学生记笔记一定是在理解的基础上用自己的语言书写笔记。教师可以在学生动笔之前讲解笔记的格式和排版，这样可以使所学的知识结构化、框架化、条理化，使知识逻辑分明、层次清晰。而草稿纸的大量使用也是一种比较好的学习方式。记忆背诵的内容可以在草稿纸上书写以便检查自己记忆的准确性；推理的内容在草稿纸上书写，可以帮助自己梳理思路，使思维过程清晰化；同时上课某个瞬间暂时没理解的内容也可以用红笔记录在草稿纸上以便提醒自己及时请教老师。总之，高中学生利用好草稿纸可以提高在课堂的专注度，大大提高学习效率，取得较好的学习效果。

（4）作业策略

学生进入高中以后，学习的节奏较快，学习的难度较大。高中学生的学习科目多、学习任务重，高一下学期末6月20日举行信息技术科目省级学业水平测试；高二上学期1月7日和8日举行历史、地理、物理、化学、生物等科目省级学业水平测试；高二下学期6月20日举行政治和通用技术科目省级学业水平测试；高三上学期11月29日和30日举行语文、数学、英语三个科目省级学业水平测试；高三下学期6月7日和8日则是全国高考的日子。学校每月还要定期进行学习月度考试、期中考试、期末考试，对老师的教学进度的安排要求也更高，上完一节或是一个课时的新课，同学们就要去完成对应的作业。高中学习对学生和老师都提出了更大的挑战。

一个高中班级的学生作业安排的合理性对班级学生健康成长和班级学生学习的良性发展至关重要。笔者所在的高中学校，各科老师都特别负责，每科老师布置20分钟的课后作业，高一学生至少9个科目，高三学生是6个科目，学生每天的家庭作业也得花两三个小时的时间完成家庭作业。作为老师，又要花几个小时的时间去批阅学生的家庭作业，就算发现了学生的问题，课堂上也几乎没时间讲评和逐个纠错。所以学生进入高中的第一个月，班主任和学科教师就要特别注意引导学生要学会学习，而不能像小学和初中那样做完作业之后等着老师批阅。高中学生应该有一种意识，做完一个课时的作业一定要自己去对照参考答案，找出自己的知识漏洞，分析自己错误的原因。如果自己不能独立解决问题，就要主动去寻求同伴的帮助，请教身边的同学。如果请教身边的同学还是没弄懂，再去请教老师。笔者所在的学校，老师们经常同时担任三四个班的教学工作兼班主任工作，课间十分钟老师都在匆忙去下一个班上课的路上，同学们如果把所有问题都留着去请教老师这是非常不现实的。所以高中学生应该树立"向学习资料学习，向同学同伴学习，最后才向老师学习"的思想意识，即"书—同学—老师"的程序。这样可以很大程度上提高学习效率，学生解决问题的主动性也能得到提升，从而养成对自己的事情和对自己负责的良好习惯。学生的学习也会更主动，而不是被动接受。学生也会积极思考怎么才能远离低质量的勤奋，逐渐培养提高学习效率的意识。当然，面对繁重的作业，学生要学会自己调整节奏，即使不能独立按时完成作业也坚决不能抄袭答案，避免低质量的勤奋。作为班主任老师，定期对各学科班干部进行培训，让班干部学会与对应学科的老师交流和沟通，及时反馈同学们的作业现状和困难，保证六个科目的作业量不出现严重超量的情况。

另外，建议高中学生准备一个专用的事务记录本。可以用来记录每天要完成的各种事情，如家长签字的回执、记录今天的数学任务是什么、物理作业的要求是啥、什么时候上交语文作业等。还应该在固定的位置，比如任务记录本的扉页记录自己学习和生活中的各种账号和密码，以防下次需要时因为遗忘而浪费较多的时间。成都的高中学生经常用到的学习平台，如成都市中学生综合素质评价记录系统、成都市安全教育学习的账号和密码、禁毒防艾青骄第二课堂学习的账号和密码、智慧云平台、乐培生成绩查询平台，还有自己的学籍号……如果没有一个有序的整理，家长、老师和学生都会在各种账号和密码之间崩溃。

（5）自习课

一个班级自习课的有序和安静程度能够很好地折射班主任的班级管理能力。同时自习课的安静程度也能较好地保证学生学习的有效性。根据高中生的特点，自习课上同学之间讨论问题一般弊大于利。首先在讨论过程中，前几句话还在说题目的问题，后面一不小心就转到诸如中午吃什么等之类与学习无关的话题上。这样不仅使讨论低效甚至无效，浪费自己和对方宝贵的时间，还会影响周围的同学。同时课堂上暂时没听懂的问题也不能在课堂上请教周围的同学，而应该及时做上记号等待课间休息时再讨论。课间才是大家解决问题和进行头脑风暴比较合理的时间。

3.考试习惯——思维的深刻性和敏捷性

考试也是一个高中学生学习生活中的主旋律。以我校高2022届学生为例，高中三年会经历28次大型考试。主要包括成都市组织的统考和蓉城名校联盟（14所国家级重点高中）组织的考试。成都市组织的考试主要有高二下学期期末2021年7月12日成都市零诊考试，高三上学期期末2021年12月28日成都市第一次诊断性考试，高三下学期2022年3月21日成都市第二次诊断性考试，高三下学期2022年5月9日成都市第三次诊断性考试。最后就是高三下学期6月7日、8日全国高考。这些考试都是在不断地训练同学们的考试技巧和考试策略，锻造同学们的应试心理调节能力。话说"高考在平时"，平时功力的不断增长、不断发现自己的问题和漏洞并进行修正就是对高考最好的准备。教师也要在平常的学习生活中指导学生的考前复习策略，如考前一个月怎么复习、考前一周怎么复习、考前一天怎么复习、考前一小时怎么复习、临近考试怎么复习。还要指导学生在考试过程中怎么保证自己思维的深刻性和敏捷性、保证自己专注而又有节奏感、保证自己审题准确、保证信息甄别和提取无误。还要指导学生每堂考试结束后，同学间不对答案，考后心理的自我调整。总之，把每次考试都认真对待，功力必会逐渐深厚。

教师在每次考试成绩出来之后，根据学生近期的学习状态作必要的心理辅导和交流沟通尤为重要。给班级整体建立班级成长档案，给每位学生建立成长档案，适时进行数据分析和家校互动，及时开展师生互助。这样可以使教师在学生的反馈和需要下进行教学反思和教学调整，学生在教师的建议和鼓励中不断克服困难并稳步前进，这应该是很好的教学生态。作为理科班的学生，挑战最大的莫过于理科综合的考试。学生对于时间的协调和分配总是把握不好。高2022届1班的学生在完成了126分的理科综合选择题（每题6分，一般是21道题，共126分，物理为多选，也有单选，其他的都为单选）之后，对于理科综合大题部分的做题顺序调查如图11。教师可从学科的角度，带领学生总结和斟酌考试中尽量得分的注意事项。

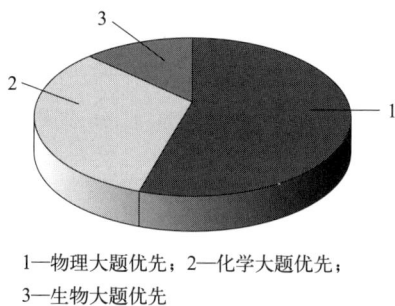

1—物理大题优先；2—化学大题优先；
3—生物大题优先

图 11　高 2022 届 1 班理科综合大题的做题顺序情况

例如，高三后期化学答题时应注意，选择题要细心，无论是优生还是中间水平的学生都应该仔细揣摩4个选项，然后利用对比排除法去体会出题者的意图。学生在高中阶段所学的化学知识于化学真相本身也只是沧海一粟。另外，化学本身也是一门以实验事实为基础的学科，不能将一些化学事实随便类推。如相同情况下，钠单质分别与0.1mol/L和1mol/L的盐酸溶液发生反应时，后者更慢。按照同学们对钠分别与水和盐酸反应的实验现象，很多人都易得出错误的结论。由于选择题的分值特别大，所以建议学生在做选择题时应该控制好做题节奏。化学学科的7个选择题一般使用15分钟会比较合适，千万不能因为太熟悉而秒选导致选择错误。大题的26题和27题分别为以非金属及其化合物为基础的实验综合大题和以金属及其化合物为基础的工艺流程大题。这两个大题的做题方法和步骤大致相同，主要分为四个步骤：1）阅读题目圈出目的；2）查找题目中的已知以备后面使用；3）跳过流程图或是实验步骤直接看题目以防止浪费大量时间；4）根据题目中的问题倒查流程和步骤。这样处理学生可以快速获取有效的信息，带着问题有目的、有需要地去分析和提取有效信息，这样既节约时间又能保存学生的心理力量，使学生获得很强的胜任感。值得注意的是，如果26题不是传统的以无机非金属及其化合物来考查学生的实验能力，而是以有机实验为载体考查时，学生一定要有良好的心理建设。因为有很多同学看着这样的考法就已经开始紧张了。从某种程度上来说，你都还没动笔就已经赢了很多考生了。当然以有机实验为基础考查实验能力时，要注意有机物易挥发不能见明火等特性，有机反应不彻底含有很多目标产物之外的物质需要分离提纯等等。大题28题一般是选修四模块的化学反应原理的综合题，这个大题要注意审题，明确题目的框架和题目的逻辑层次，考查的化学反应涉及如速率、平衡、方向和能量等角度。涉及多个化学反应的要看清楚讨论对象，从结果倒推决定结果的那个反应。总而言之，26题和27题需要粗看，先不分析过程。而28题则要细看，首先要确定讨论对象和角度，把握题目的结构、层次和考查方向。对于化学学科的选考题目，高2022届的学生几乎选择的都是选修三的"物质的结构与性质"。这道题目的难点是解释说明题。在解释一些现象和规律时，要回归到物质的结构上，如电子、原子、离子、分子等。晶胞密度等的计算则涉及几何立体图形的观察和计算，可以利用对称性把晶胞上的微粒找完，计算时注意单位换算。选择性必修三模块的前几个小题都比较简单，但需要仔细审题，答题规范。如果在整个化学试卷中出现了某个问题比较难解答，要根据自己的思路顺着去思考作答，做到尽量不留下空白。总之，解答化学题目的过程中，要注意仔细审题、信息提取、勾画已知、胆大心细，做到"专注、严谨、灵活、规范"。做到这些，便能很好地把该拿到的分都在规定的时间内拿到，从而正常发挥。

总之，"高考在平时"，抓高考成绩首先要抓平日常规。每天只盯着成绩而不去从身边的小事认真做起是不行的。踏踏实实地做好每一件小事，成绩就只是这个背后的副产品，取得优异的成绩是水到渠成的事。即使是对优生而言，诸如摆桌子、擦黑板、捡纸屑、抹讲台、扫地、怎么听课、怎么做笔记、草稿纸的使用、进校、早读、升旗、集会、上课、课间、离校……也都应该有一定的要求、引导，甚至示范。学生通过每一件小事来感受教师的要求与标准，感受教师的素养与态度。所以，作为老师一定要务实、认真做事、讲究效率、积极主动。老师要做到眼里有问题，心里有研究，手上有方法。这些恰好也是学生在成长过程和学习过程中所需要培养的最重要的素养。但在培养学生这些素养的过程中是要讲究方法的。亚历山大曾说过：命令只能指挥人，榜样却能吸引人。榜样的力量是无穷的，但老师在培养学生的这些重要素养时也要把握"忙"与

"闲"的节奏，不能时时刻刻都为学生亲自到场示范，否则老师虽然时刻在示范，却没有很好的教育和管理效果。那是因为在示范的同时忽略了学生自主管理能力的培养。在工作中，我们应该让学生无法预测教师的工作规律。无论是早操、早读、课间操、午休还是读报课，学生不应该知道教师是否会参与其中。即使教师确实参与了，也应该以一种不被学生察觉的方式出现，最好是在学生意料之外的时刻。这样做的目的是让学生明白，无论他们是否看到教师，教师都能全面了解并亲自掌握现场的情况。如果学生知道教师的行踪规律，可能会导致他们只在教师在场时听话，教师离开后不听话的情况发生。因此，教师需要采取措施确保教师的行踪对学生来说是不可预测的，以促使他们时刻保持良好的行为和纪律，逐渐让学生养成自主管理的习惯。

（二）高中班集体必经的那点事

一个高中班集体的成长和个人的成长是类似的，整个过程就像是一个优美的故事的演绎。一个优美的故事少不了各个情节的跌宕起伏，少不了矛盾的产生和解决，正是无数的矛盾发生和解决才让故事更吸引人。所以对于一个无论多么优秀的班级，都几乎会遇到以下的问题：1）学生小团体和负能量——净化班级风气，营造向上氛围；2）手机、电脑、游戏、网络、小说——变他律为自律；3）父母矛盾——孝顺和感恩；4）男生女生交往过密——自我保护意识培养；5）学生心理问题——原生家庭问题和给父母的话；6）第一次当高中生家长的注意事项——纠正：高一、高二努力则高三没有发展空间的错误认知；学生放学就先玩耍拖延学习；被窝里的电子产品；学生在老师面前将责任推给家长，在家长面前将责任推给老师和同学；等等；7）班级群的管理——家长群、学生微信群和QQ群的严格管理。对于这些问题的解决，过往的教育随笔中都有详细阐述和介绍，在此不再赘述。

（三）重要演讲——肯定与鼓励是思想引领和情感交流的基石

教育有时候真的是用一种思想引领一种思想。作为高中教师若只是单纯地用班级制度去管理和约束学生，这个格局又小了些。面对一帮十五六岁的青少年，这是一个需要用热血书写青春的团队，但是在这个团队成长的路上又有很多"荆棘"。所以我们要用带团队的思想来带领和引领学生，特别是在一些关键的时间点位，面对面给学生进行一些很有深度的演讲是非常必要的。如1）开学第一课；2）高中第一个周末；3）第一次学校活动；4）高中第一次考试；5）面对第一次高中分数；6）高三艰苦日子的备考心理建设；7）第一次搬到高三楼；8）高考倒计时一年，100天；9）各类大型考试考前动员（零诊考试，2021年7月12日；高三第一次诊断性考试，2022年12月28日；高三第二次诊断性考试，2022年3月21日；高三第三次诊断性考试，2022年5月9日）；10）第一次板报、第一次篮球比赛、高中的第一次考试、第一次省级会考、高中的第一个寒假、第一年学习结束的成长与反思、高中的第一个满分……都需要给学生强烈的仪式感，提醒他们事事落实，事事优秀，提醒他们珍惜每个瞬间，积极主动地规划和安排自己的业余时间，养成积极主动、自主自律的好习惯，提醒他们随时给自己一个新的开始去努力、去奋斗。

三、班主任的内功修炼——高中班主任的必备素养与成长

（一）班主任的人格魅力大过班级制度

高中学生处于性格形成的重要阶段，也是能对制度进行理解的阶段。所以，一个有魅力的班主任能够以其积极的态度和亲和力与

学生建立起真诚的关系。展现出对学生的关心、尊重和理解，使学生感到被重视和支持。这样的亲密关系为学生提供了更强的动力去主动配合和遵守班级规定，因为他们希望不辜负班主任的期望。

　　班主任的人格魅力能够激发学生的内在动力。通过激发学生的积极性和自我驱动力，班主任可以帮助他们建立起对学习和个人成长的内在追求。班主任可以通过激励、鼓励和赞赏，引导学生树立正确的目标，并为他们提供适当的自主权和责任，让他们自觉遵守班级规则。学生因为对班主任的信任和尊重，愿意主动参与到班级活动和规范中，形成一种自我约束的氛围。

　　此外，班主任的人格魅力可以建立积极的班级文化。通过展现正面的榜样行为和价值观，班主任能够影响班级氛围的形成。他们可以鼓励学生相互尊重、合作和关爱，促进班级的凝聚力和团结性。这种积极的班级文化使学生更容易接受班级制度，并自觉地遵守规则，因为他们认同并愿意为班级共同的价值观而努力。班主任了解每个学生的个体差异和需求，关注学生的学习进展和心理健康。他们愿意与学生进行深入的交流和沟通，了解学生面对的困难和挑战，并给予针对性的指导和支持。这种个别关怀可以让学生感受到班主任的关心和关注，从而更加愿意遵守班级规定，并主动寻求班主任的帮助。

　　担任班主任的这十多年，笔者从最开始带领学校里最差的班级，到现在带领学校里最好的班级，面对每个不同群体的学生，虽然他们的调皮程度不同，但都有一个共同点，就是任何一个优秀高中班级的养成，都少不了外显化的、合理的班级制度，但还有一个最大的隐形影响力——那就是班主任的人格魅力和专业素养。所以班主任在处理每件班级事务的时候一定要注意方式方法，把握好火候，才会让教育效果倍增，还能折射班主任的霸气和气场，让日后的班级管理顺利开展。

一个班主任，首先要学会做好人，做一个正能量的人，正直善良、包容接纳。十几岁的高中生，他能准确读出教师一言一行背后的门道，更何况是朝夕相处的三年。班主任要时刻注意自己的品格、学识和涵养。一些小事、小细节，自己觉得没什么、无所谓，其实学生都在心里评价你，还可能在背后议论你。所以班主任一定要终身学习，不断提高自身的思想素质和工作能力，树立良好的形象，一定要多读书、读好书，只有自己跑得快些，才能不断领跑。班主任在做工作时只有真心想做好、用心去做好，才能真正做好班级管理工作。在工作过程中要多看、多问、多想、多做。班主任工作其实就是踏踏实实做好每一件小事。所谓"道虽迩，不行不至；事虽小，不为不成"。从事教育工作，最好少一点"立竿见影"的想法，少一点急功近利的举措，多一点耐心和期待，多一点从长计议。

学生是教育的主体，也是管理的主体。班主任在工作时，无论多么严格的要求里都要让学生感受到老师的爱、老师较强的责任感、老师的奋斗目标。只有这些高度统一，才能达到和谐共赢，才能培养品格高尚、性格乐观、思维多样灵活、具有良好行为习惯的高中生。班主任的一言一行都是一种无声的教育。班主任应该率先垂范，为人师表。班主任在工作中要积极学习各类新知识、新的管理育人理念，拥有广博的科学文化知识、扎实而深厚的专业知识、谦逊宽容的品质、无私的奉献精神，用个人魅力征服学生，用热情和朝气感染学生，赢得学生的喜爱与理解、敬佩与爱戴。同时家长也会理解、支持、信任有魄力和责任心、关心和爱护学生的好老师。当与学生和家长都建立良好的关系时也正是老师得到同学认可和家长信任之时，班主任工作也就越能事半功倍。

（二）信息获取——所有教育活动开展的基础

了解和把握学生、家长、学科老师等方方面面的信息是所有教育教学活动开展的基础。只有准确掌握了相关信息，才能提高教育的针对性，真正做到因材施教。高一学生刚入校，就了解到学生在中考完以后，大部分同学都是去参加过绵阳和成都的一些优质高中学校的自主招生考试而落选的。接下来我把成都市各所高中当年的录取分数线与他们的中考成绩进行对比分析，了解他们在成都市的相对位置，并分析他们在落选后的心理状态。基于这种情况，笔者的应对策略是：充分备好第一堂课。班主任的第一堂课一般就是入学后的第一个晚自习。如果说白天的入学教育是让学生总体把握你的品格、学识、涵养和教育理念，那么第一个晚自习则是要从你的教学专业出发，让他们觉得没去成都和绵阳而选择了现在的学校不仅没有亏，而且是绝对地赚了。要让班上的学生和家长都有一种幸运感，如果再次面临选择的机会，他们依然想要遇到这个班、遇到这个班主任、遇到这个老师。

想尽一切办法掌握每个学生的情况，但尽量不要通过学生A了解学生B的某些信息。这样的方式不利于学生个性培养和班级的健康发展。了解学生的情况可以通过多观察和深入非高考科目（体育、美术、信息技术）等的课堂，也可以充分利用好课下和各种特定时间，真的会有意想不到的收获。例如早操时间，笔者在学校围墙外面就能清楚地观察到哪个学生蹲下系过鞋带，哪个学生坐在地上休息过，哪个做操懒洋洋……

通过与学生谈话、与家长通电话、利用网络（小号）等方式也可以清楚地了解哪些学生安静或是抱怨；哪些学生努力或是拖延；

哪些学生沉迷于动漫、电视、小说；哪些学生沉迷于游戏和手机；还可以了解寝室晚间讲话最厉害的前3名学生；课间讲废话的前3名同学……

（三）班级管理中民主和集中度的把握是一个技术活

良好的班级文化的建立离不开严明的纪律制度和严格的执行力。学生从初中进入高中学习，环境的转换较大，学生在这个时候处于极不稳定的时期，也是学习习惯和行为习惯养成的关键时期。因此建立一套科学合理的班级管理制度，制订规矩，形成方圆，才能把学校的各项制度贯彻始终，帮助学生养成良好的习惯。班级制度的制订应发动全班同学，让每位同学都参与，让制度渗透到每位班级成员中，努力做到让制度从同学中来到同学中去。另外，制度还应该根据本班的实际情况不断修改，不合理的制度坚决不出台，否则影响制度的实施效果。制度也不能过细或过粗，不能过于死板，否则影响执行的力度。班主任工作要见实效，应该做到言必行，行必果。特别要注意第一次工作的开展，第一个违纪同学的处理。第一次的效果出来了以后，再坚持一段时间，后期给予适当的监督，反复强化、反复巩固，慢慢就在学生头脑中变成意识了。

在该班同学的共同商定下，大家一致认为，严格的考勤制度有利于强化学生的时间观念，约束学生养成守时的好习惯。考勤包括早操、早读、课间操、午休、读报课、晚自习及各节正常的课。班上同学共同讨论，认为不能容忍任何一人迟到一秒钟。踏着铃声进教室算迟到，这已成为班级公约。这样学生就逐步养成了提前做准备、提前到堂的好习惯。大家还特别强调早读课不能写作业，而要大声朗读。升旗仪式和学校的各种大型活动中做到快速、安静、整齐，展现饱满的热情和向上的精神。早操和课间操也应该制订好请假制度。另外，朴素大方的仪容、仪表可让学生把精力放在学习上，杜绝班上同学间的攀比。所以，班级公约里还包括了全班统一穿着校服、随时佩戴校牌、着装朴素大方和干净整洁、穿戴符合高中学生的身份、男生不留长发、所有学生不可佩戴各种饰品等仪容、仪表方面的要求。

每当接手一个新班级，班主任都会很辛苦，需用几个月时间跟紧一个班，同时给予学生全方位的关注和指导。因为高一良好习惯的养成直接关系到高中三年的成败。由于高一班主任工作很重要，所以工作量会很大，有班主任自称"全职保姆"。虽然全职，也不可能每天二十四小时陪伴学生左右。而且从长远的发展来说，这就要求能够营造一个学生自我教育和自我管理的良好氛围，建立班级自身的教育力和感染力，培养正确的舆论和良好的班风。舆论有一切命令和规章制度不可代替的作用。通过舆论可以制约学生心理、规范学生行为、扶正压邪、奖善惩恶、净化班级灵魂。培养能够自我教育的学生群体，有利于学生开展自我反思和自我教育，也有利于建设班级灵魂，凝聚班级力量，让班集体不断向前发展。

总之，对于所有的班级事务，把握好民主与集中的尺度都很重要。例如班干部的选举和班级制度的建立可以多一些民主，多听听学生的心声，多看看学生的需要。但对于诸如评优评奖等方面的问题，民主的成分就需要适当小些。作为班主任应该清醒地知道，无论多么优秀的班集体，都免不了会有小团体的存在。小团体的危害对一个优秀集体的发展有不可低估的影响。十几岁的"娃娃"要做到跳出自己的主观感情，客观地对人对事太难，就算是成年人也很难做到。由于班级评优评奖是靠人缘"民主选举"还是按贡献和成绩等评优条件去筛选真正优秀的学生，这个对班级是一种强大的教育导向。什么时候民主，民主到什么程度，这是带班过程中值得一直思考的问题。

（四）高三后期高质量的陪伴

纵观整个高中三年，高一、高二基础年级教育的主旋律主要是匡正学生的思想，不断给学生提出各种建议帮助他们成长，让他们不走弯路、少走绕路。即使这样，基础年级班主任在工作时也要一手拿大棒一手拿胡萝卜。只有这样，教育效果才会很好。高三班主任工作的主旋律则应该是鼓励、肯定和信任。信任是所有情感里最具能量的。对学生实施鼓励时，可以采取全班鼓励与个人鼓励相结合的方法。其实对学生的肯定和信任就是一种比较有效的鼓励。实施鼓励的策略也多种多样。例如在和家长交流沟通其他问题的过程中，顺便让家长向学生转达一下老师的信任和表扬；也可以转达老师和其他同学对他的肯定和羡慕；抑或是让他给全班同学介绍自己某个科目某个模块的成功经验和接地气的一些解决棘手问题的好方法；还可以是课堂上一句简单的表扬或一句真诚的赞美。班主任在高三后期给学生的正向交流沟通，其实是心理学上的赋能。这样能给学生无限的力量，使学生对自己的要求逐渐变高，一步一步变得更加优秀。进入高三，学校会举行高密度的每个月的例行考试。面对每次的成绩，几乎所有的学生在不同程度上都有各种不良情绪。班主任和科任老师要引导学生正确看待每次成绩。考试时要诚信，认认真真做题才能检测自己最近的学习情况，也能折射自己学习的努力程度。考后不要只是看分数，要不断总结反思自己在各学科存在哪些知识上的不足，学会查漏补缺。也要总结自己在考试过程中的应考技巧和方法，不断地加强训练，提高能力，为高考作充分准备。在任何时候，都要学会随时调整自己的心理状态，永远要比别人多赢得一秒钟学习，多赢得一秒钟思考。明白在考场上争分夺秒时多一秒思考总比少一秒思考更好。任何时候都要能给自己一个新的开始，永远不要放弃自己，一分一秒都不能。即使那样，每次的结果都还是可能不尽如人意，但对于自己而言，总是在进步的，只要能坚持不放弃，就是在默默积蓄力量，相信自己会成功。高三后期学生存在多方面的情绪变化。班主任除了关注学生由于外部压力带来的情绪不稳定外，还要特别留心一部分学生因为自己特别在意结果而导致考试水平不能正常发挥。

高三第三次诊断性考试是高三特优班应考过程中比较重要的一个节点。因为作为特优班的学生，学习的主动性比其他任何一个班的学生都要高得多，班级的学习氛围也比较好。只要一进入高三，他们都会自己给自己安排学习任务，整个高三孩子们的学习都会很认真。但是一旦第三次诊断性考试考完，也就是距离高考的最后一个月，优生会出现一定程度的不知所措，对于复习计划和学习任务有不同程度的茫然感。所以作为班主任老师，在"三诊"之后一定要全程陪伴学生，比如早操时、课间操时间、每个课间十分钟，都深入教室去转转，深入同学中间去看看，自习课和午休时间去教室陪陪学生，这些很平常很微小的举动却能够让学生因为老师的出现而感到心安，同时明白这阶段自己状态的重要性。还可以在合适的时候给学生作一些建议和安排。例如后期的复习强调产出比，不是把课余时间依然全部倾斜给数学和物理，而是要评估自己花同样的时间哪个学科的提高机会最大。但要强调数学和物理的训练不能减少，只是牺牲其他时间来放在提高机会大的科目上。同时要建议学生，第三次诊断性考试以后的时间，训练的强度其实是要更大，节奏感要更强，而不能只是简单粗暴地回归教材。应该在强化训练的时候带着目的和需要去查阅教材。更值得强调的是，用班级氛围和平静的个人状态让全班同学携手前进，感受当其他班的同学都不知所措的时候，高2022届1班的同学还能安安静静继续进步的那种氛围，在良好的班级氛围中继续前行去迎接高考，而不是以无目标感和无任务感的状态去等待高考的到来。

四、给第一次当高中家长的爸爸妈妈的建议

2022年的此时此刻，做班主任工作已经十多年，高2022届特优班的班主任工作也接近了尾声，和这群"猴子"相处的日子也只剩下12天了，梳理和反思每一届三年1000多天的日子，特别想给第一次当高中家长的爸爸妈妈们一些建议，同时也是为了提醒自己以后怎么当好家长，在孩子成长的路上科学地扮演好自己的角色。作为家长请注意：1）无论如何，先站在老师的这边，树立老师的权威，匡正孩子的思想；2）科学管理手机与电子产品；3）理性看待网络课程的作用；4）尊重与信任老师和孩子；5）习惯培养比暂时的分数更重要。

家长还应该明白，进入高三孩子们又会经历一个很重要的适应期。这个时候题目的难度瞬间上涨，但孩子们的能力提升需要慢慢锻造。题目难度和学生能力的差距对孩子们的高三学习节奏的把握和心态的调整又提出了较高的要求。第一次作为高三学生的孩子和第一次作为高三家长的我们都需要沉着应对，多找方法，多积极正向思维，多给孩子实在有效的指导，多和老师交流沟通，注意鉴别网络上的一些指导方法。根据孩子实际情况，采取适合自己的应对方法，不要过度焦虑。行动才是对抗焦虑的最好方法。

最后，和这群"猴子"相处的这1000多天充实而踏实，陪这一群青少年不断前行的日子很苦也很值，在这1000多天的日子里又目睹了青春的真实模样。顺祝这群"猴子"从容面对未来！

后记：

这群小"猴子"们付出的努力在平时考试和高考中都得到了应有的回报。虽然进入高中的入学成绩位于蓉城名校联盟的最后，但是他们经过科学合理的管理和引导，在师长的有效陪伴与监督引导以及自身努力下，从高一的下半期开始，他们的成绩就从蓉城名校联盟的最后进步到了前几名，且班级整体化学学科单科成绩长期位居蓉城名校联盟所有班级的第一名。学生个人成绩也很优秀，学生总分位于蓉城联盟前100名的学生该班达18人，学校历史上各个年级能进入蓉城联盟前100名的学生人数最多也就两三人。2022年6月8日17：00，他们从容地走出了考场，给自己高中三年1000多个日日夜夜的奋斗交上了一份答卷。高考成绩于2022年6月24日21时揭晓。当年高考重点本科分数划线为515分，该班学生高考均分高达617分，超过重点本科分数线100多分。该班两名同学并列获得市级理科状元，该班同学包揽全市前10名的所有名次。该班成了市里近年来入学成绩低入口但高考成绩高出口的典型案例。

总结与展望

本书的内容主要围绕着如何实现优质化学教育展开，介绍了如何管理课堂、设计教学方案、评估学生学习成果、利用工具和资源辅助教学，以及建立良好的沟通关系。这些内容覆盖了化学教学的方方面面，并提供了实用、有效的教学策略和技巧，有助于提高化学教学的质量和效率。同时，本书也强调了化学教学的艺术性和实践性，教师需要通过不断地实践和创新，才能不断提高自己的教学水平。通过本书的阅读，读者将掌握化学教学的艺术和技巧，更好地引导学生学习，以适应学生的学习需求和现代教育的发展趋势。化学教学只有紧跟时代潮流，关注学生的发展需求和社会的变化趋势，不断地实践和反思，不断探索和创新，不断更新教学理念和方法，才能满足不同层次的学生需求和社会需求。

未来，化学教学面临着许多新的挑战和机遇，随着科技的不断发展，教育的方式和方法也在不断改变。化学教学需要更注重培养学生的实践能力和创新思维，强调课程的多样性和灵活性，以适应不断变化的社会需求。此外，化学教学还需要注重跨学科的整合和创新，培养学生的综合素质和创新精神。教育工作者需要保持开放的心态和创新的精神，不断地学习和适应，不断地学习和更新自己的知识和技能，不断适应新的教育环境和需求，与学生、家长和同事建立良好的沟通关系，注重跨学科的整合和创新，引导学生积极参与课堂，借助多种教育资源，提高教学效果和质量，共同推进化学教育的发展才能更好地应对未来的挑战。同时，化学教育的发展需要全社会的共同参与和支持，只有通过多方合作，才能实现化学教育的长远发展。

最后，希望本书能够成为广大化学教师的一本实用的指南和参考书，帮助化学教师更好地管理课堂、提高教学质量和效率，实现优质化学教育的目标。同时，也希望本书也能为其他学科的教师和班主任提供一些借鉴。最后，希望能够激发更多人关注化学教育，坚定教育信念，热爱教育事业，推动中学教育的不断发展和进步。

参考文献

[1] 陈佑清. 教学论新编[M]. 北京：人民教育出版社，2013.

[2] 陈之华. 芬兰教育全球第一的秘密[M]. 北京：中国青年出版社，2010.

[3] 崔允漷. 学校课程实施过程质量评估[M]. 上海：华东师范大学出版社，2017.

[4] 格兰特·维金斯，杰伊·麦克泰格. 追求理解的教学设计[M]. 2版. 上海：华东师范大学出版社，2017.

[5] 林崇德. 21世纪学生发展核心素养研究[M]. 北京：北京师范大学出版社，2016.

[6] 郑金洲. 学校教育研究方法[M]. 北京：教育科学出版社，2003.

[7] 中华人民共和国教育部. 普通高中化学课程标准（2017版）[S]. 北京：人民教育出版社，2018.

[8] 陈博. 教师对化学课程的实施——从课程材料到教学实践[D]. 澳门：澳门大学，2014.

[9] 段戴平. 高中化学课程一致性研究[D]. 南京：南京师范大学，2015.

[10] 杨季冬. 高一学生化学学情现状调查及对策研究[D]. 武汉：华中师范大学，2015.

[11] 张小菊. 化学学科教学知识研究[D]. 上海：华东师范大学，2014.

[12] 毕华林，万延岚. 核心素养：基于理科课程的一个实证研究[J]. 课程·教材·教法，2016, 36(09): 34-41+47.

[13] 郭元祥，伍远岳. 学习的实践属性及其意义向度[J]. 教育研究，2016, 37(02): 102-109.

[14] 韩琴，周宗奎，胡卫平. 课堂互动的影响因素及教学启示[J]. 教育理论与实践，2008(16): 42-45.

[15] 李俊. 普通高中化学课程标准的变化[J]. 课程·教材·教法，2018,38(06): 71-77.

[16] 李松林. 培育学科核心素养的三个教学问题[J]. 教育科学研究，2017(08): 5-9.

[17] 刘江田. 基于化学核心素养的"教、学、评"一体化实践模型建构[J]. 江苏教育，2019(19): 7-11.

[18] 罗祖兵. 有效教学的过程性阐释[J]. 教育研究，2017, 38(09): 99-105.

[19] 王后雄，孙建明. 新课程高考化学试题命制与课程标准一致性研究[J]. 中国考试，2013(11): 10-21.

[20] 王卉，周序. "教师中心"和"学生中心"的对峙与建构[J]. 贵州师范大学学报（社会

科学版），2018(03): 54-62.

[21] 王丽，杨承印."教一学一评一致性"实践探索——以"离子反应"教学为例阴.中学化学教学参考，2017(09): 17-18.

[22] 王云生."教、学、评"一体化的内涵与实施的探索[J].化学教学，2019(05): 8-10.

[23] 杨季冬，王后雄.高中化学关键能力的内涵及构成要素研究[J].化学教学，2019(04): 3-6.

[24] 郑长龙.2017年版普通高中化学课程标准的重大变化及解析[J].化学教育（中英文），2018, 39 (09): 41-47.

[25] 庄严.人教版《化学1》三个版本课后习题与课程标准的一致性研究[J].中学化学教学参考，2016,(07):35-38.

[26] 安德烈·焦尔当.学习的本质[M].杭零，译.上海：华东师范大学出版社，2015.

[27] R.M.加涅.教学设计原理[M].5版修订本.王小明，等译.上海：华东师范大学出版社，2018.

[28] 拉尔夫·泰勒.课程与教学的基本原理[M].施良方，译.北京：人民教育出版社，1994.

[29] 路易斯·拉思斯.价值与教学[M].谭松贤，译.杭州：浙江教育出版社，2003.

[30] 瓦·亚·苏霍姆林斯基.苏霍姆林斯基选集（第2卷）[M].北京：教育科学出版社，2001.

[31] 科恩.教育研究方法[M].6版.程亮，等译.上海：华东师范大学出版社，2013.

[32] 郭保章.世界化学史[M].南宁：广西教育出版社，1992.

[33] 联合国教科文组织.反思教育：向"全球共同利益"的理念转变[M].联合国教科文组织总部中文科，译.北京：教育科学出版社，2017.

[34] 邱道骥.化学哲学概论[M].南京：南京师范大学出版社，2007.

[35] 王长纯，曹运耕，王晓华.学科教育学概论[M].北京：首都师范大学出版社，2000.

[36] 赵匡华.化学通史[M].北京：高等教育出版社，1990: 63.

[37] 成尚荣.用好统编教材实现学科育人价值[J].课程·教材·教法，2018 (8): 4-10.

[38] 竺丽英.化学选考生学科思维、学科态度与社会决策力的特征研究[D].上海：华东师范大学，2018.

[39] 于洪卿.论课程的文化内涵[J].教育评论，1997(1): 11-16.

[40] 欧用生.课程实施的叙说研究[J].全球教育展望，2006, 35(10): 12-19.

[41] 刘庆昌.教育意念的结构——基于教育本体论的视角[J].华东师范大学学报（教育科学版），2019, 37(04): 57-71.

[42] 郭芳.国外关于教师本体论研究综述[J].湖南师范大学教育科学学报，2012, 11(04): 19-23.

[43] 申继亮，王凯荣.论教师的教学能力[J].北京师范大学学报（人文社会科学版），2000(1): 64-71.

[44] 杨九俊.高中新课程实施中的学校课程能力建设[J].教育发展研究，2008(2): 20-26.

[45] 史丽晶，马云鹏.课程实施程度检测模型及思考[J].东北师大学报（哲学社会科学版），2016(1): 146-150.

[46] 周海涛.教师课程能力发展的困境、探因与突围[J].教育理论与实践，2018, 38(28): 45-51.

[47] 夏雪梅，沈学珺.中小学教师课程实施的程度检测与干预[J].教育发展研究，2012, 32(08): 37-41.

[48] 包兵兵，陈菊.我国教师课程能力十年研究述评[J].教师教育学报，2014,(06): 32-38.

[49] 朱桂琴.教师课程执行要素与影响因素探析[J].课程·教材·教法，2015(1): 75-79.

[50] 崔允漷，周文叶，董泽华.教师实施课程标准测量工具的研制[J].华东师范大学学报（教育科学版），2018(2): 1-13.

[51] 于海波.教师课程实施能力研究[J].当代教育科学，2011(12): 13-16.

[52] 沈旭东.从"为情而境"到"由境生情"——化学教学中真实情境创设概论[J].化学教学，2019(07）: 25-29.

[53] 陈军民.新课程视角下教师课程能力的缺失与重建[J].教学与管理，2015(9): 5-7.

[54] 陆军.教师课程能力的核心要素及其提升路径[J].教育理论与实践，2016 (14): 31-34.

[55] 朱郁华.学情分析：教师新的教学基本功[J].教学与管理，2013(22): 22-23.

[56] 杨洁.能力本位：当代教师专业标准建设的基石[J].教育研究，2014(10): 79-85.

[57] 李璐，黄翠英.高中化学课程标准的国际比较和启迪[J].化学教育（中英文），2018, 39(11): 1-4.

[58] 史丽晶，马云鹏.基于基础教育课程改革目标的课程实施程度调查[J].课程·教材·教法，2016, 36(05): 14-22.

[59] 张良.从学科价值走向育人价值——改革开放40年基础教育改革知识价值论的演进与融生[J].课程·教材·教法，2018, 38(12): 54-59.

[60] 梁弘文，谢桂芳，张贤金.《普通高中化学课程标准（2017年版）》特点及教学启示[J].化学教学，2018(06): 32-37.

[61] 王磊，魏锐.学科核心素养发展导向的高中化学课程内容和学业要求——《普通高中化学课程标准（2017年版）》解读[J].化学教育（中英文），2018, 39(09): 39-48.

[62] 胡先锦.对2017年版普通高中化学课程标准的实践与思考——我们需要什么样的化学课堂[J].化学教学,2019(05): 34-38.

[63] 李刚，吕立杰.大概念课程设计：指向学科核心素养落实的课程架构[J].教育发展研究，2018, 38(2): 35-42.

[64] 何善亮. 论中小学科学教育的内容选择与表达方式——兼谈科学教育需要什么样的大概念 [J]. 天津师范大学学报（基础教育版）, 2019, 20(2): 61-67.

[65] 王伟, 王后雄.《普通高中化学课程标准（2017年版）》中"情境素材建议"内容特点及使用建议 [J]. 化学教学, 2018(10): 15-19,26.

[66] 万延岚, 李倩. 对《普通高中化学课程标准（2017年版)》中"情境素材建议"的分析与启示 [J]. 化学教学, 2019(07): 14-19.

[67] 王磊. 学科能力构成及其表现研究——基于学习理解、应用实践与迁移创新导向的多维整合模型 [J]. 教育研究, 2016, 37(09): 83-92,125.

[68] 惠海涛. 化学课堂教学中驱动性问题的设计策略 [J]. 化学教学,2018,(10): 57-60.

[69] 杨子舟. 从浅层学习走向深度学习 [J]. 教育探索,2016(07): 32-35.

[70] 袁德润. 以课堂为载体促进教师专业能力发展：个人知识与实践转化的视角 [J]. 全球教育展望，2020, 49(06): 81-89.

[71] 杨每, 樊敏. 新旧人教版教材"铁及其化合物"内容的比较 [J]. 化学教育（中英文），2020, 41(03): 26-28.

[72] 孟海燕. 新课程高中化学必修2"物质结构元素周期律"教学实践与反思 [J]. 化学教育（中英文），2010, 31(12): 16-18.

[73] 刘良华. 教育研究方法 [M]. 上海：华东师范大学出版社，2014.

[74] 华国栋. 差异教学论 [M]. 北京：教育科学出版社，2001.

[75] 张华. 课程与教学论 [M]. 上海：上海教育出版社，2017.

[76] 袁振国. 教育研究方法 [M]. 北京：高等教育出版社，2000.

[77] 钟启泉. 课程与教学概论 [M]. 上海：华东师范大学出版社，2004.

[78] 黄甫全. 课程与教学论 [M]. 北京：高等教育出版社，2003.

[79] 严先元. 课程实施与教学改革 [M]. 成都：四川大学出版社，2002.

[80] 郑长龙. 化学课程与教学论 [M]. 2版. 长春：东北师范大学出版社，2018.